デフレの正体

――経済は「人口の波」で動く

藻谷浩介

角川oneテーマ21

まえがき

「これは読んだ方がいい」と、誰にでも薦められる本は、そうそうはありません。ましてや自分が書いた本についてそのように話すのは、いかにも気恥ずかしいものです。でも今回は心からお薦めします。これは「読んだ方がいい」本だと思います。極めて当たり前な、誰が読んでも客観的とわかるような事実を並べていますが、類書にない、オンリーワンの内容です。

今の日本では、経済の問題は「デフレ」だの「不景気」だの、学術用語のように見えますが実は意味の曖昧《あいまい》な、いいかげんな言葉で括《くく》られるばかり。何が原因で何が起きているのかという「事実」が、明快な言葉で分析されたり語られたりしていません（これは学者やマスコミなど、言葉で商売している人たちの怠慢だと思います）。誰も本当の問題が何なのかよくわかっていない。そのため適切な対処ができず、皆さんの不安は増していくばかりです。

この本は、普通の日本人が日本経済に感じている不安の正体を、曖昧な言葉を使わず、簡単な理屈でわかりやすく仕分けします。「なんだ、そんなことだったのか、それならこうやって対処できるじゃあないか」という道筋も示します。世間で対処策のように語られているものの中に、何の役にも立たない空論が混じっていることもわかります。「生産性向上」だとか、「成長戦略」だとか、具体性に欠けるスローガンに惑わされることもなくなるでしょう。病気もそうですが、原因が何なのかわからなければ（実は風邪をひいているだけだったとしても）明日をも知れないほど不安になりますし、原因がわかれば（たとえ治療に時間がかかるものだったとしても）なぜかその瞬間から心が少し軽くなるものです。間違った治療法に迷い込んで時間とエネルギーを浪費することも防げます。

世界はどうなっていくのか、日本はどうしていくべきなのか、自分たちは、子供たちはどうしたら幸せな人生を送れるのか、世の中少々、ヒステリックに、まるでパニックのようになっていませんか。この本を読んで単純な事実がわかれば一気に見通しが開けます。そのために進むべきステップも、取るべき行動も明白です。そんなに難しいことではなくて、誰でも自分にできることがあります。国や役所、他人がどうするのかではなく、まず自分を主語にして考えてみてください。

そうした行動を広げていくためにも、まずは事実を知ろう。そして、ゆっくり一呼吸置いてから歩き始めよう。われわれにはできる、私はそう確信しています。

目次

調整／高齢者から高齢者への相続で死蔵され続ける貯蓄／内需がなければ国内投資は腐る／三面等価式の呪縛／「国民総時間」の制約を破ることは可能なのか？

第1講　思い込みの殻にヒビを入れよう

皆様、こんにちは。これから少々時間をお借りしまして、日本で今何が起きているのか、これから日本経済はどうなるのか、ということについて、少々耳慣れないお話をいたします。とはいっても、申し上げるのは「客観的な統計数字はこうですよ」「実際の現場はこうなっていますよ」「シンプルな理屈で考えると、こういうことではないでしょうか」ということばかりです。お見せする数字は公表統計で、政府機関などのホームページでダウンロードできますし、お話しするのは事実だけで、何かの方向に皆様を誘導する意図はありません。

古代ギリシアにおいて、「地球は丸い」という事実を指摘したアリストテレスの思考は、とても簡単な観察から出発していたと聞きます。「港から遠ざかっていく船は、底からだんだんに見えなくなっていって、最後はマストだけになる」ということです。私の話も同じでして、同じ公表数字を確認され、先入観を排して論理的に思考すれば、誰でも私が見つけたのと同じ事実を発見されることになります。

「景気の波」を打ち消すほど大きい「人口の波」が、日本経済を洗っているのだ、という事実を。

ところがそういう数字にも簡単な推論にも、世間の注意は払われていません。政・財・官・学・マスコミの各界は、「万事は景気の波次第だ」と検証なく信じています。中世欧州の大学者たちが、「聖書には地球は丸いとは書いていない」と当時の通説（という名の検証なき思い込み）を持ち出して、誰でも観察できる事実から目を背け続けたように。

現代日本人の思考様式も、中世欧州と大差ないのかもしれません。ですが幸い、火あぶりの刑はありません。皆さんも終わりまでお聞きいただいて、何が客観性の高い事実なのかをお考えになってみてください。

景気判断を健康診断と比べてみると

日本では、私が物心ついた頃からずっと、「ＧＤＰが上下した」「好景気だ」「いや不景気だ」というオール・オア・ナッシングな結論が、日々洪水のように流れています。ですが、

「GDPが下がる」とか「景気が悪い」とか言うのはつまり「何がどうなっている」ことなのでしょうか。景気がよくなると皆が幸せになっていろんな問題が解決するのでしょうか。

実際には、景気のいい悪いだけを語っていても、日本はどうなっているのか、自分はどうすればいいのかはわかりません。最低でも企業業績だの雇用だの個人消費だの、輸出だの輸入だの、GDPの基本要素になっている幾つかの統計数字を確認しない限り、経済の実態はつかめないのです。

健康診断にたとえましょう。日本の景気論議というのは、「自分の〝総合体調指数〟はAかBかそれともCか」と騒いでいるようなものです。でも「総合体調指数」を見ているだけでは、血圧はいくらなのか、体脂肪率は、血糖値は、尿酸値は、肝機能は、というように、個別の重要指標がどうなっているのかわかりません。骨折していないか動脈瘤《りゅう》はないか、そういう外科的なこともわからない。

そんなことでは、仮に「総合体調指数」が悪化してきたとしても、運動すべきなのか静養すべきか、節食すべきなのかよく栄養を取るべきか、単にもっと寝ればいいのか特定の薬を飲むべきか、具体的な対処策は出てこないわけです。そんな中でやみくもに、「総合体調指数が落ちているぞ、とにかく健康づくりをしろ、健康づくりを」と叫んでも、「具体的にどこが悪いから、対策に何をしろ」というロジックがまるでないので、掛け声だけで終わるか、見当はずれの方向に行ってしまいがちです。

　こういうと笑い話のようですが、「経済成長率が落ちているぞ、成長戦略を取れ、デフレ対策をしろ」と叫んでいるのも、まったくこれと同じことなのですよ！　具体的にどういう症状に対してどういう対策が効果を発揮するのか、現状分析の段階からあやふやな意見、いわば「お題目」にすぎません。

　皆さんもお感じになりませんか？　「成長戦略を示せ」とか「デフレ対策をしろ」とか声高に主張している方々のほとんどが、どういう原因に対して何をすればいいのかきちんと語っていないということを。具体性のある策を強いて探せば「日銀はもっと金融緩和しろ」という主張くらいですが、そういうマクロ政策にまだ目に見える効果が期待できると本気で信じている日本人は、本当のところ何人くらいいるのでしょうか。

　あちこちでいろんな方とお話しして気づくことですが、「内需が拡大しない理由は、景気が悪いからだ」なんて、機械的に考えている人も結構いらっしゃるのです。「景気が悪いのは内需が落ちているから」と言った矢先に、「内需が落ちているのは景気が悪いから」では、ただの循環論法なのですが。

　そして、これよりもさらに困った思考回路が、「景気さえよくなれば皆がハッピーになる」という思い込みです。今の「一〇〇年に一度の不況」が克服されればまた「好景気」がやってきて、皆が経済的に豊かになっていくというのですが、これは本当なのでしょうか。

ついこの間の「戦後最長の好景気」、もう皆さんお忘れかもしれませんが二〇〇二年から〇七年まで続いた輸出主導の好景気を思い出してみましょう。「景気が日本の隅々に波及して皆を豊かにした」というような実感はありませんでしたね。それどころか多くの人が、「その間に格差が拡大した」と言っている。本当に格差なのかといえば、後でお話しするように怪しい話が多いのですが、とにかく経済学徒の一部までもがそんなことを言っている。

それに対する反論として、「もっと景気拡大が続いていれば、いずれは皆に効果が波及したのだ」というのを聞いたことがあるのですが、「戦後最長の好景気」だったというのに波及には時間が足りなかったというのでは、ではさらにどれだけ好景気が続けば効果が出たというのでしょうか。六〇年代後半のいざなぎ景気でも、八〇年代末のバブル景気でも、ずっと短い間に皆さん豊かになったと思うのですが、なぜ平成景気では同じような波及が見られなかったのでしょう?

これまた健康診断にたとえましょう。「GDPが上昇すれば、世の中の隅々まで経済的な豊かさが波及していく」という考え方は、「総合体調指数が改善すれば、血圧も体脂肪率も血糖値も尿酸値もみんな改善する」という発想と同じです。実際は逆で、血圧や体脂肪率や血糖値や尿酸値が個別に改善していけば、その帰結として計算結果としての総合体調指数が上昇するのです。さらには、仮にいろんな数値がよくなった結果として総合体調指数がよくなったとしても、たとえば尿酸値だけは悪化しているかもしれない。私もそうですが、中高年男性なら皆さん身に覚えがあるのではないでしょうか。歳を取れば取るほど、各指標が「右へならえ」で動くことのほうが少なくなっていくのです。

ということで人の生き死ににかかわる健康診断では、総合体調指数なんていう、役に立ちそうで実は何も語っていない「総合指標」は誰も考えませんし使いません。あくまでも個別の指標を一つ一つ検討し、改善していくのです。ところが経済の話だとアバウトでも人が死ぬわけではないということなのか、ＧＤＰという総合景況判定指数だけが一人歩きして、重要な個別指標の方が無視されている。

何も「ＧＤＰは無意味だ」と言っているのではありません。個別指標が伸び、その結果としてＧＤＰも伸びるのは大いに結構です。しかし逆に、誰かの計算したＧＤＰだけをチェックして個別指標を確認していないのは論外です。マスコミに登場して経済を語っている方々の実力には、天と地ほどの個人差があるのではないかと思いますが、このあたりについての姿勢の違いを見ていれば、素人でも彼らの優劣を判定することが可能ではないでしょうか。

今言われている「一〇〇年に一度の不況」も、ＧＤＰだけで語る経済というのと同じようなところがあります。平均値を見ればもちろん不況ですよ。でもこの時期に、ユニクロだの日本マクドナルドだの任天堂だの、史上最高の収益を上げていた企業も結構存在します。石油ショックは三五年、戦後の混乱期は六〇年、大恐慌は八〇年ほど前でしたので、「一〇〇年に一度」というからにはそういう過去の苦境よりも今回の不況の方が深刻だというわけですよね。でも、終戦直後はもちろんのこと石油ショックや大恐慌のときにも、たくさん史上最高益の企業があったのでしょうか。

そうなのです。「総合指標」や「平均値」に皆が右へならえする時代は終わったのです。「好景気なのに内需が拡大しない」とか、「不景気なのに史上最高益の企業がある」とか、全体の傾向には矛盾することが実際の世の中ではいろいろ起きています。ところがそれを見ながらも、「そういうヘンな個別の動きは例外にすぎない」と決め付けて、自分の信じ込んでいる総論を守ってしまう。そういう人は、現実からのフィードバックを受け付けられない、学術用語で言えば「演繹《えんえき》」だけで「帰納」をできないわけです。理論と現実の止揚ができない（弁証法を使わない）と言ってもいいでしょう。

平均値や一般論だけをふりかざして、それに矛盾する現実からより現実的な規則性を帰納できない人は、高速道路を逆走しながら次々と反対側から来る車を見て「あいつらこそ逆送している」と決め付ける、最近流行の「逆走ドライバー」と同種です。自分こそが逆走しているのではないのか、我々はあらゆる場面で自戒せねばなりません。

個別の数字や現象をきちんとチェックして、複雑に矛盾する事実をありのままに飲み込んで、例外も含めて世の中の全体像を把握する。その中から帰納することで、あるいは矛盾を止揚することで、より蓋然《がいぜん》性の高いセオリーを再構成する。本書では順にその作業過程をお示ししていきます。

ある町の駅前に表れた日本のいま

抽象論だけでは寂しいので、東京で言われているような総論的な解釈と、現場で見える事実がいかにずれているか、全国を巡る中で行き当たった極端な実例でご紹介しましょう。

これはある人口一〇万人の市の中心駅の駅前の写真です（二〇頁写真1、2）。明治末年から、つまり一〇〇年近くある駅ですが、この感じをどう思われますか。

駅前広場に面した建物に入っているのは消費者金融だけです。普通の店はもちろん、コンビニもファストフードもない。これが駅前通りですが、狭くて歩道もない（二一頁写真3）。周りは空き地だらけ。駐車場になっているところもありますが、そもそも更地状態のところも多いですね。

そして、線路の横に屋台村（二一頁写真4）。よほど土地の使い道がないのでしょうか、暫定利用で屋台村にしているのでしょうが、この通り、店舗案内図にべたべたと白紙が貼られ

写真１

写真２

写真３

写真４

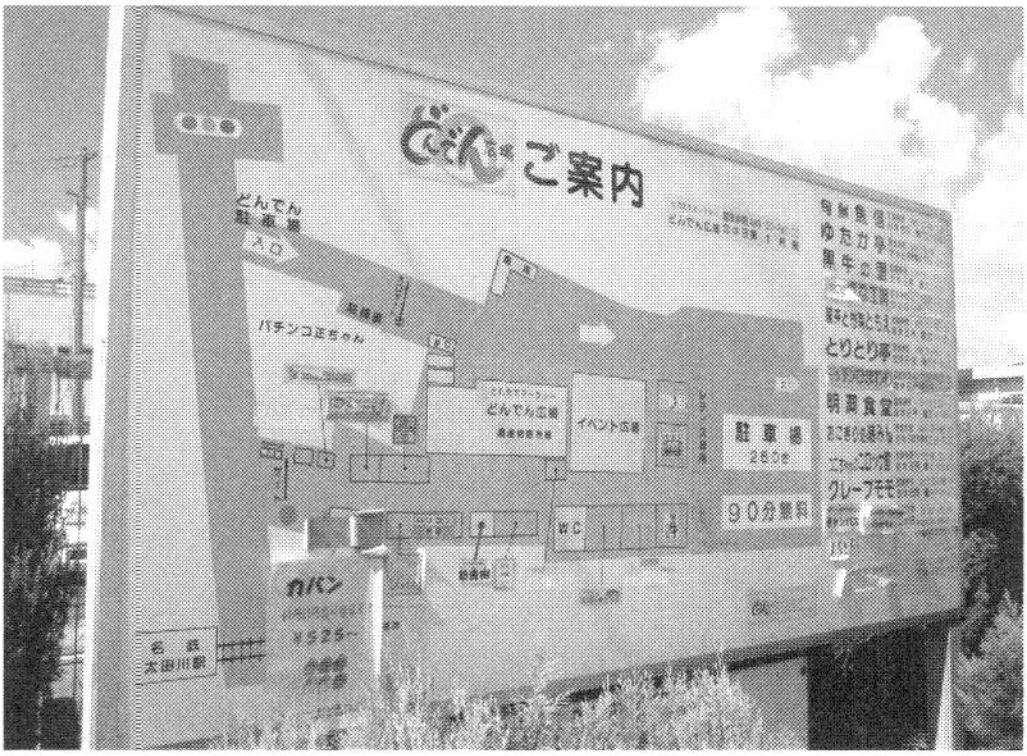
ご案内
どんでん
駐車場
入口
パチンコ正ちゃん
どんでん広場
イベント広場
駐車場
90分無料
WC
ゆたか亭
とりとり亭
クレープモモ
カバン
名鉄
太田川駅

ているところをみると（写真4）、入った店もどんどんつぶれてしまっているようです。この屋台村に、駐車場が二五〇台。「九〇分無料」と書いてあります。駅前だというのに、実質無料の駐車場が二五〇台分もある。これが人口一〇万人の市の玄関口であるとすると、よほど田舎の果ての景気の悪い町なのでしょうか。

ちなみに写真を撮ったのは二〇〇七年の七月です。まだ最高に景気がよかったと言われている頃ですが、この町にはよほど産業がなくて、その恩恵もないのでしょうか。

違います。この駅は愛知県東海《とうかい》市の太田川《おおたがわ》駅、世界最大級の自動車用鋼板工場・新日鐵《しんにってつ》名古屋製鐵所がある企業城下町の拠点駅です。日中は毎時四本の特急・急行で名古屋まで二〇分弱、逆方向にも特急二〇分ほどで中部国際空港・セントレアです。大都市の中心駅や空港まで二〇分ほどというのは、東京でいうと品川に当たる位置ですね。そこに新日鐵名古屋製鐵所をはじめとして、大同特殊鋼とか、さまざまなハイテク企業があり、かつ気候が暖かいので、名古屋のベッドタウンとしても発展している。所得水準も高いし、人口増加率も全国有数に高い地域です。この写真を撮った頃は全国屈指に財政状態も良好、全国最強といわれた愛知県の中でも特に景気の良い町でした。

お考えください。最も好景気の恩恵を受けていた名古屋都市圏の大企業城下町の、明治末年からある拠点駅の駅前に、ビジネスホテル一つ、マンション一つ、ファミレス一つ、コンビニ一つ建たない好景気とは、駅前の更地が九〇分無料の駐車場になったままの好景気とは、いったいどういう好景気なのか。名古屋は車社会だからでしょうか。いいえ、この太田川駅のお客さんは普通の地方都市の県庁所在地のＪＲ駅よりよほど多い。平日の昼の一時ですが、ホームにはこんなにお客さんがいます（写真５）。

写真５

東海市民と東海市当局と地元企業の名誉のために申し上げますと、市内で一番お客さんの多い駅の駅前はこうですが、東海市そのものは誰が住んでも満足するであろう素晴らしい町です。極めて強力な産業集積を持っていますし、気候温暖で天災も水不足もない。住宅地には緑があふれ、土地柄はまじめで治安も良好。高速道路は四通八達、大都市にも国際空港にも至近です。隣の尾張横須賀《おわりよこすか》というもう少し小さな駅の駅前には、小さいけれども昔ながらの市街地がありますし、駅前にこだわらなければスーパーもファミレスもロードサイド店もいくらでもあります。ただし、一番交通の便利な駅前で当然起きていてもおかしくない都市開発が、この一

○○年間ほとんど行われてこなかったのは事実です。

要するに好景気というだけでは、レッセフェールだけでは開発は起きなかったのです。市当局を代弁させていただければ、もともと産業も人口も資本もある地域なのですから、民間だけでいくらでもできることはあるはずなのです。ところがそう思って一〇〇年間放っておいたら、こんな状態になってしまった。出張者も極めて多いというのに、企業もないような田舎町でも最近増えている○○インといった宿泊専業ホテル一つ、誰も建てて儲《もう》けようとしてこなかったのです。

実はこの写真の撮影後に、ようやく少しずつ市主導の区画整理が動き始めまして、最近ホテルも一軒建ったということです。でも少なくとも、市が音頭を取り、何がしかの公金も突っ込んで調整を始めるまで、この駅前の民間の関係者は自分たちでは、一〇〇年間誰も何もしなかったわけです。

それはなぜか。駅前の地権者の皆さんが豊かで、別段何もする必要を感じていなかったからです。土地建物に絶対の権利を有する地権者が「土地を活用してもっと儲ける」という「合理的」な行動を取らないものですから、いくらポテンシャルのある場所でもまったく開発が起きません。キャスティングボートは景気という総論的な事態ではなく、地権者という個別の経済主体が握っているわけです。

そもそも豊かな愛知県では、地権者も総じて豊かでして、その結果こういう駅前はごく普通の景色です。豊橋、東岡崎、豊田市《とよた》、刈谷《かりや》、大府《おおぶ》、知多半田《ちたはんだ》、尾張一宮《おわりいちのみや》・名鉄一宮《めいてついちのみや》、小牧《こまき》……主要都市の中心的な駅前には軒並み、人口規模から考えると驚くほど小さな集積しかありません。名古屋駅ですら、西口から出て一〇〇メートルも行けば似たようなものです。

ところが東京の連中は、名古屋に行きもせず、飲みもせず、歩きも泊まりもせず、勝手に「愛知県は好景気だ、さぞや賑《にぎ》わっておるのであろうよ」と言っていた。そして今度は「愛知県も不況で苦しいんだってね」と言っている。景気という「総論の総論」に、〇〇駅の駅前開発というような「現場の現場」までが軍隊のように足並みそろえて連動すると、勝手に信じ込んでいるのです。そういう議論をする人が実は、「逆走ドライバー」なのです。

逆にいうと、そういう現場での展開の伴わない、総論の総論としての「好景気」って、いったい何だったのでしょうか。本当に実体があったものなのでしょうか。

第2講　国際経済競争の勝者・日本

ここからしばらく「基本統計に見る日本経済の実態クイズ」をやらせていただきます。ぜひこの機会に皆様お考えください。

世界同時不況なのに減らない日本人の金融資産

第一問です。昨年（二〇〇九年）の最初の頃の話ですが、あるシンクタンクが「日本人の個人金融資産は、世界同時不況が始まった〇八年の一年間に一一〇兆円減った」という試算を発表しました。〇七年末に一五四四兆円だったのが〇八年末には一四三四兆円ということで、一年間に一一〇兆円が消えてしまったのだそうです。個人金融資産が一年間に七％も減ったということですから、「逆資産効果で個人消費は冷え込むだろう」という予測が、その後にくっついていました。

一一〇兆円の減少という数字は正しいとしましょう。ですが後段の予測はいかがですか。「むしろ資産効果で日本の消費は増えていなければおかしいぞ」と、逆をご指摘の方はいらっしゃいませんか？

そう、ドルベースで考えるとどうなるでしょう。円建てで七％程度の減少で済んでいたとしますと、ドルベースでも、ユーロベースでも日本人の個人金融資産は増えたわけです。この間に一―二割の円高が進んでいましたから。

実際問題、ドルやユーロのような国際基軸通貨に換算して手持ちが増えているというのは、日本のような食糧・資源の輸入国にとってはありがたいわけです。つまり輸入や海外旅行、海外投資に関しては、「逆資産効果」ではなく「資産効果」が発生していなくてはおかしくありませんか。

日本の国際競争力が落ちたという話の際によく使われる、「一人当たりＧＤＰ」の下落についても同じことが言えます。〇七年にはシンガポールに抜かれましたが、この計算も当然ドル建てです。当時は円安ですから、何もしなくても日本の経済力は下がった計算になるわけです。でもその後逆に、シンガポールドルに対しても円は二割ほど高くなりましたので、日本がシンガポールを再逆転していることになります。まあこれは数字だけの話で両国の経済の実態は変わらないわけですが、そもそも計算上の話だけで「日本経済は凋落《ちょうらく》している」と騒ぐのはいかがなものでしょうか。

計算ではなく実態を見れば、ご存じの通り、〇九年の日本の内需不振はアジアはもちろん欧米に比べてもひどいものです。少々伸びたのは中高年の海外旅行くらいとも聞きますが、若者は年々海外に行かなくなっているとも言われていますね。なぜなのでしょう。「逆資産効果で個人消費が冷え込んだ」と言うとすぐ信じてしまいがちですが、なぜ円建ての影響だけが出てドル建ての影響は出ないのか、きちんとした説明を聞いたことがありますか。説明なしの、一面だけの話を信じていていいのでしょうか。

バブル崩壊後に倍増した日本の輸出

それはともかく第二問に行きます。「中国の台頭と資源の著しい高騰により、二一世紀に入った頃から日本の貿易黒字は減少基調になっている」。はい、これは本当でしょうか、嘘でしょうか。

財務省のホームページにある国際収支統計を見てみましょう(図1)。ご存じだったたでしょうか、日本の貿易黒字は〇一年に八兆円だったのが、資源高がピークに達した〇七年には

図1　日本の貿易収支の年次推移

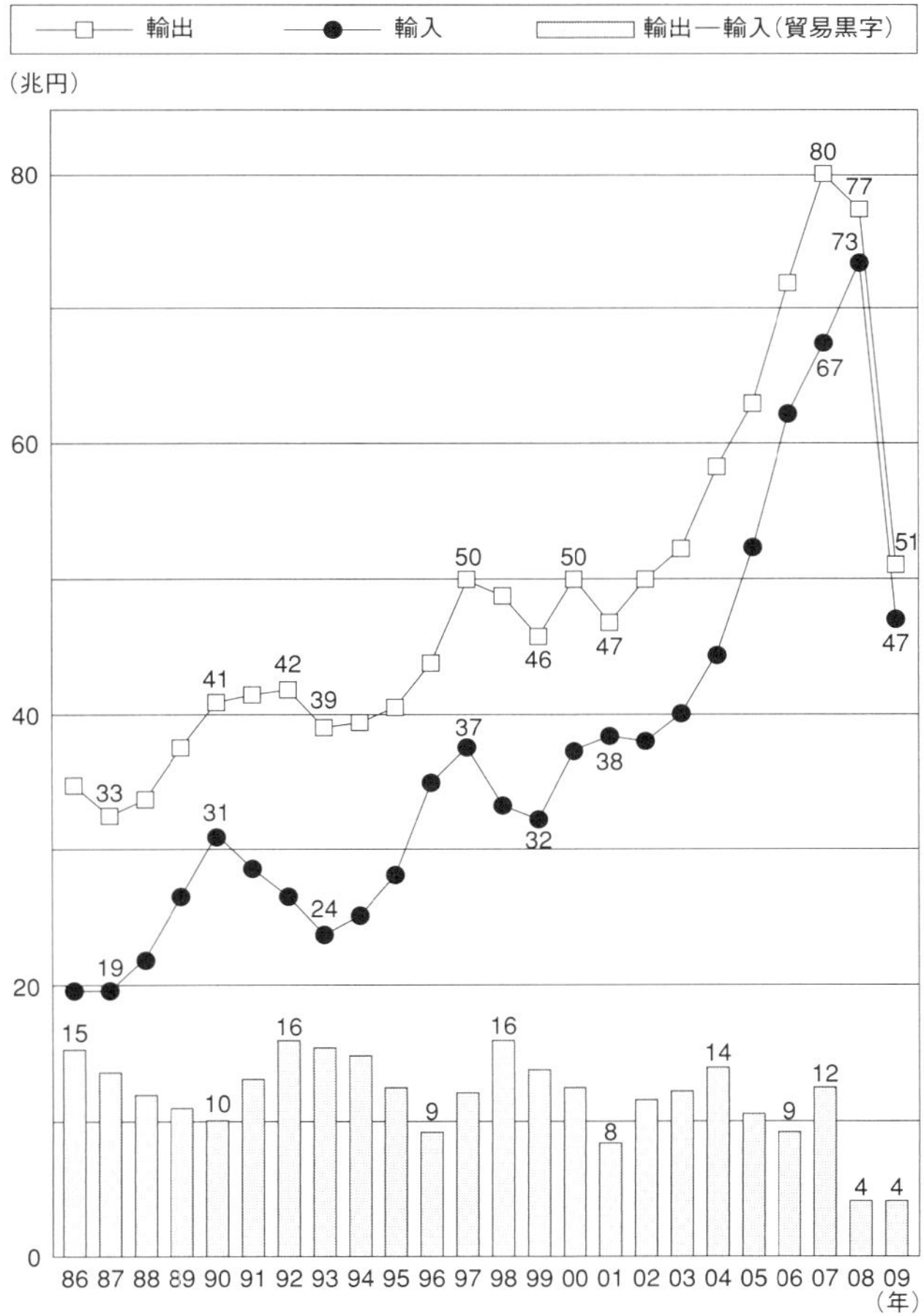

［資料］財務省「国際収支統計」

［注］同省「貿易統計」とは算定基準と数字が若干異なる。四捨五入により計算が合わない場合がある

一二兆円ですから、今世紀頭の七年間に五割も増えたのです。ちなみに世界同時不況になった〇八年は四兆円に急落しましたが、「二一世紀に入った頃から減少基調」なのではありません。むしろ日本の貿易黒字は、中国の台頭と資源の著しい高騰にもかかわらず年々増加傾向にあったし、世界の景気が良くなればまた回復するのです。事実日本の輸出は〇九年一月を底に再び伸び始め、貿易黒字もまた拡大基調に戻っています。

「さっきまで何でも景気のせいにするのはけしからんと言っておきながら、今度は急に景気を持ち出すのか」と言われそうですが、日本の輸出はセオリー通り外国の景気に大きく左右されています。肝心な内需は、後でお話しします通り、国外はもちろん国内の好景気にも連動しなくなってしまっているのですが。

それはともかく、〇七年の日本の輸出、そのほとんどが工業製品の海外での売上ですが、これは史上最高の八〇兆円でした。八七年の円高不況の頃に三三兆円、バブル最盛期の九〇年にもわずか四一兆円しかなかったのが、二一世紀になってからの急伸でなんと二倍に増えたのです。世界同時不況の始まった〇八年にも七七兆円と、三%しか下がらず、依然過去最高のレベルでした。

〇九年になるとさすがに、世界不況の深刻化に円高のダブルパンチで、輸出は一気に五一兆円まで下がりました。ですがこれ自体も十分に高い水準です。日本の年間輸出は〇二年までは一度も五〇兆円を上回っていなかったのですから。要するに日本製品の相対的な国際競争力は衰えておらず、海外のお客さんの懐具合が悪くなったり良くなったりするのに、売上＝輸出が連動しているだけなのです。今がピンチだというのなら、〇二年までの日本はもっとピンチであったというのでしょうか。

お顔を拝見していると、十分にはご納得いただけない方が多いようです。では、輸入（企業で言えばコスト）と貿易収支（企業で言えば粗利益）の絶対数も確認しましょう。

世界同時不況下でも続く貿易黒字

日本には天然資源もなければ、食糧生産も十分ではありません。ですが加工貿易国である上に内需不振ですので、製品が売れないのであれば原材料も輸入しない構造です。食料自給率がカロリーベースでは四一％（〇八年度）で先進国中最低だといいますが、では食料輸入の絶対額はといえば九兆円台。輸入のごく一部にすぎません（これだけではありませんが、絶対数をチェックせずに、率だけを見てパニックになるというのは、国内で大きい声で議論している方々の困った特徴です）。つまり輸入のほとんどはどうしても使わねばならない固定費ではなくて、売上に連動して上下する変動費ですから、輸出が減っているのに輸入だけを増やすというようなことは起きません。そのため、日本が貿易赤字になるのは構造的に難しいのです。

ご覧の通り過去二〇年間以上、輸出の上下に関係なく日本の貿易黒字は平均一〇兆円超の水準を維持してきました。〇七年までの原油の暴騰に伴う輸入激増も、この通り急増する輸出に連動したものだったのです。

ところが〇八年には、お話しした通り貿易黒字は四兆円に急落しました。五兆円を切ったのは、八〇年代後半の円高不況以降初めてのことです。さらに〇九年一月に月次の貿易収支が大幅な赤字を記録したこともあって、「日本が貿易黒字を稼げる時代は終わった」という論調が、一部の声の大きい人から出てきました。

ですがこれは、「対前年同期比ばかり見て絶対数を確認していないために、全体の構造が見えていない」という典型です。そもそも天然資源はある程度前倒しで契約して確保するものですから、資源価格の下落時には輸入減少が輸出の減少に数ヶ月遅れます。この通り、絶対数をそのままグラフにすれば明瞭《めいりよう》です（図2）。輸出の頂点の〇八年三月と、どん底に落ち込んだ〇九年二月を比べれば、輸出も輸入も共に五〇％の減少。世界同時不況下でも、輸入は固定費ではなくて変動費のままであり、それゆえに輸出と輸入は見事に連動しているわけです。

輸出と輸入の減少が少々ずれるという構造が原因で、〇八年一一月から〇九年一月まで三ヶ月連続して貿易赤字が発生しました。でも〇九年二月からはもう黒字に戻っています。〇

図2　日本の最新の貿易収支

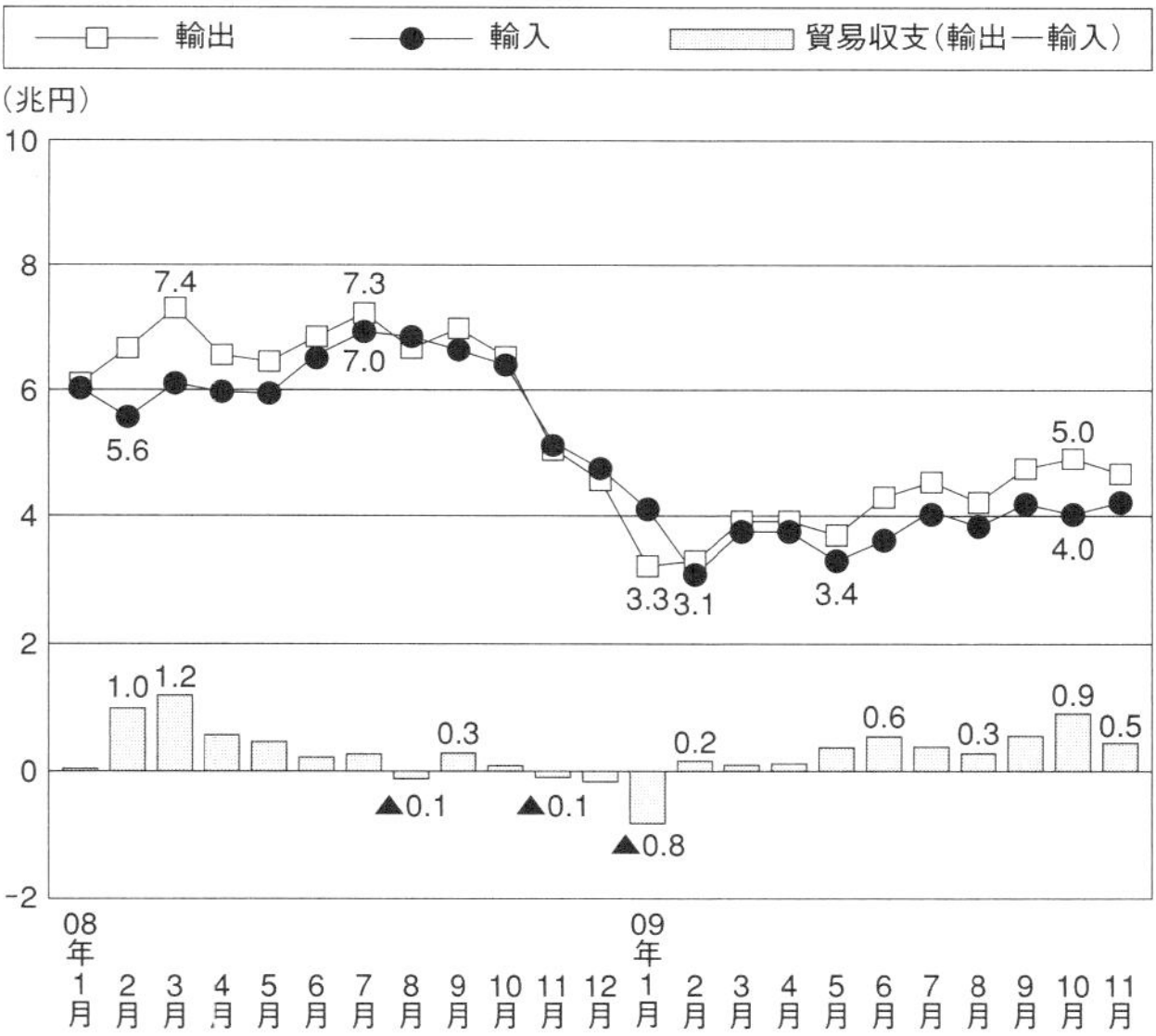

［資料］図1に同じ　［注］09年10・11月は速報値

九年合計では〇八年と同じ四兆円の黒字ということになりましたが、〇八年とは逆に毎月の黒字幅は拡大基調に戻っていますので、一〇年にはもっと大きな黒字が見込めます。

「そんなことを言うが、日本企業は生産性も非常に下がっている。つまり国際競争力が落ちているのだ」という議論も最近盛んなようです。確かに日本企業の生産性は先進国や新興国の中では特に低い数字になっています。では競争力も自動的に一番低いのですかね。それならなぜ、輸出（＝日本企業の外国での売上）の絶対数が、「二〇〇年に一度の不況」である〇九年も含め、〇二年以前には一度もなかったような高水準で推移しているのでしょう。売上（＝輸出）というシンプルな絶対数の推移を見ずに、生産性という分数だけを持ち出してきて国際競争力を議論しているから、そういう間抜けな立論をしてしまいます。そもそもこの主張の賛同者は、生産性の定義をご存じなのでしょうか。

生産性の定義というのは非常に重要な事柄でして、後ほどじっくりお話しします。ただ一言先走って申しておけば、日本企業の生産性が低いのは「生産能力が過剰な中で多年ディスカウント競争を続けている結果、生産性の分子＝付加価値額の、主要部分である内部留保と人件費が構造的に低水準になっている」からであり、分母＝労働者数が過剰なためではありません。つまり「コストダウンを重ね利益の低下を甘受して体力勝負で低価格大量生産を続ける」というのが得意技になって染み付いてしまっている状態ですので、いくら生産性が低くとも国際的なコスト競争力は失われておらず、輸出が減っていくという状況にはならないのです。その分までツケが回る国内関係者は苦しんでいますが。

それはともかく、「日本の国際競争力が落ちている」というこの誤解には、いい面もあります。日本人が勝手に自信喪失して謙虚に振る舞うもので、世界のほとんどのお受験エリートも、日本同様に絶対額ではなく対前年同期比と総合指数だけをチェックしているような方々ですから、日本の製造業がそんなに強力なままであるとは気づきません。八六年の円高不況の頃、「日本は脅威だ」と騒ぐアメリカの上院議員が、日本車をぶったたいて壊してパフォーマンスしていましたけれども、今では誰もそんな下品なことはやらないです。彼らも今は、「日本は終わった、今は中国が敵だ」と思い込んでいるわけです。〇八年の日本の輸出は円高不況の頃の二倍以上に増えていたというのに。

傲慢《ごうまん》になることは避けなければなりませんが、日本の国際競争力を論じるすべての人は、ムードに乗って良い悪いを騒ぐのはやめ、客観的で議論の余地のない絶対数、すなわち輸出額、輸入額、貿易収支の額を冷静に眺め、そこから構造を把握するようにしていただきたい。学者ではなくても誰でもできることですし、むしろ学者などに頼らずに、関係者一人一人が自分で数字を確認すべきなのです。

世界中から莫大な金利配当を稼ぐ日本

それにしても、そんなに稼いでいるという黒字はどこに行っているのでしょうか。実感がないのも当然、多くは輸出企業と、そういう企業の株主になっているような高齢富裕層の財布に集中しておりまして、庶民の懐には無関係のまま海外に再投資されています。ところがそれがまた外国から金利配当を呼んで来ます。

外国から稼ぐ金利配当が、外国に支払う金利配当を超えた分を所得黒字といいます。この所得黒字はバブルの頃は三兆円程度でした（図3）。それが〇七年は一六・三兆円と、五倍以上に増えたのです。世界不況が始まった〇八年の確定値も一五・八兆円と、三％の微減にとどまりました。より不況の深まった〇九年になると、さすがに一三兆円にまで低下しましたが、それでもバブル期の水準の四倍以上でありまして、〇五年以前の各年の実績を上回っています。我々庶民には実感しにくいのですが、世界から見れば日本は、モノを売りつけるだけでなく金利配当も大量にむしりとっていく、商売上手の金貸しなのです。

「おいおい、日本の公共部門の莫大《ばくだい》な赤字と、一〇〇〇兆円ともいう国と地方の長期債務の話はどこに消えてしまったんだ？」とご不審の方もいらっしゃいますよね。確かに日本政府は単体としては世界最大の借金王だと聞きます。ですが日本政府の国債を買っているのはほとんどが、一四〇〇兆円の金融資産を持っているという日本人個人と、日本企業なのです。利率が低すぎて、外国からの投資は低調です。ということで日本政府が払っている年間五兆円台の金利の受取人も日本人と日本企業ですから、国全体の対外収支には影響しません。そして日本人と日本企業は、それでも残った貯金を外国に貸したり出資したりして、前述のように最近は毎年一〇兆円を超える金利配当収入を得ているわけです。

この所得黒字に貿易黒字を合わせて、日本人の海外旅行などから発生するサービス赤字や

図３　日本の国際収支の年次推移

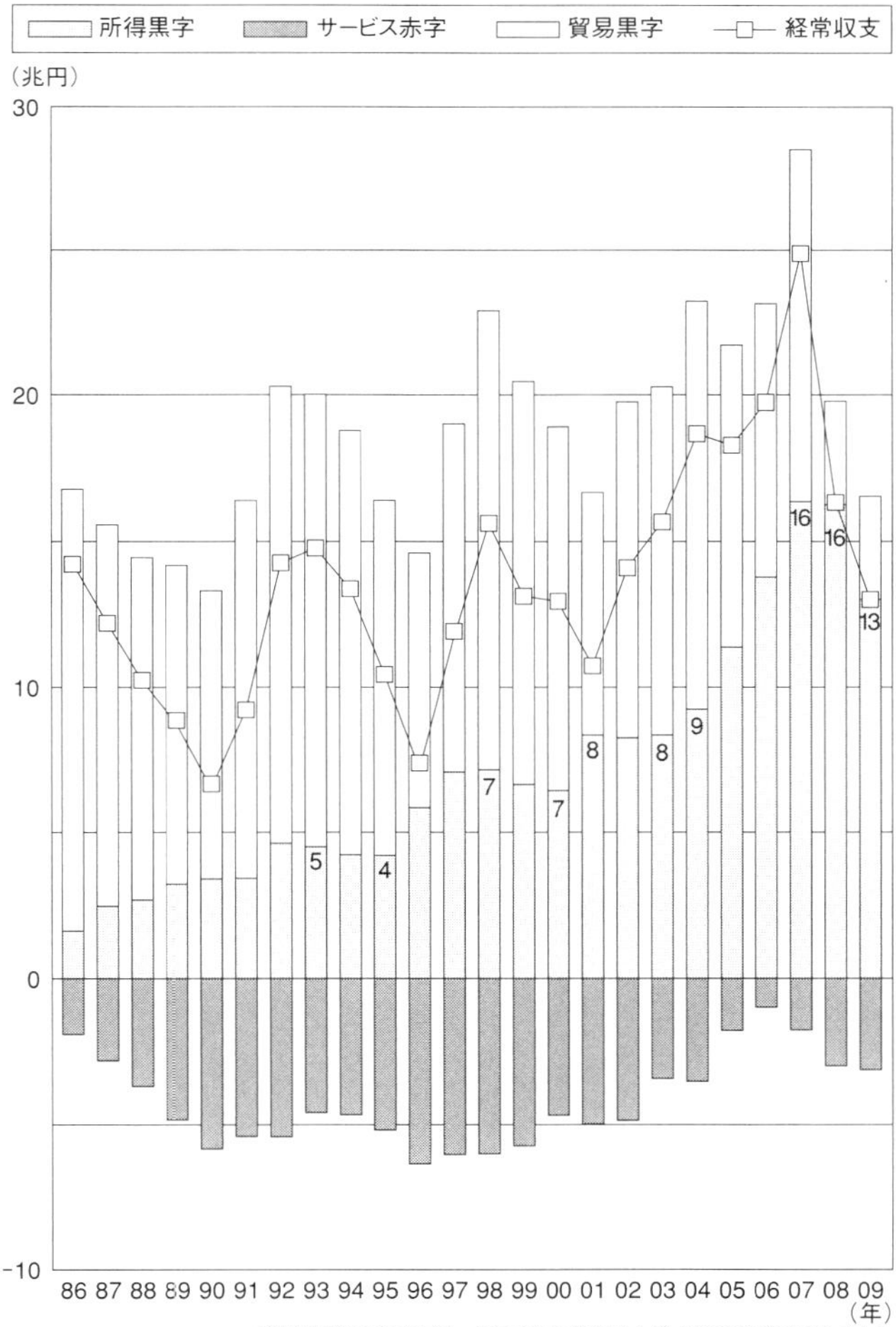

［資料］［注］図１に同じ。グラフ内の数字は小数点以下四捨五入したもの

海外援助金などを引いたものが、最終的に手元に残る経常収支黒字ですが、これも〇七年には二五兆円で史上最高でした。バブル期の九〇年には六兆円でしたから四倍増です。〇八年になると世界不況の影響で一六兆円少々まで落ち込みましたが、それでも〇三年以前のどの年よりも大きい数字でした。〇九年も九〇年の二倍以上の一三兆円を記録しています。今後も世界景気が回復すれば増えることは間違いないでしょう。

〇一―〇八年の八年間だけで、累計一三八兆円の経常収支黒字が日本に流れ込みました。国内の一年間の小売販売額（モノの売上の合計）に匹敵する数字です。実際にそれだけの額を貢いだ外国にしてみれば、「俺たちからそれだけ儲《もう》けて、不況だなんてよく言うよ」という思いかもしれません。

中国が栄えれば栄えるほど儲かる日本

……と、何だか調子のいいことばかりお話ししているように聞こえますでしょうか。実際には中国以下、アジアの擡頭《たいとう》で、日本の国際競争力は年々脅かされているのでは？

そこで第三問です。「洞爺湖《とうやこ》サミット」と言いますともう大昔みたいな感じですけれども、その洞爺湖サミットに集まった拡大G８諸国（中国、ロシア、アメリカ、カナダ、イギリス、フランス、ドイツ、イタリア）の中で、同年に日本に対して貿易黒字だった国は三つです。一

図４　日本と中国(＋香港)の国際収支

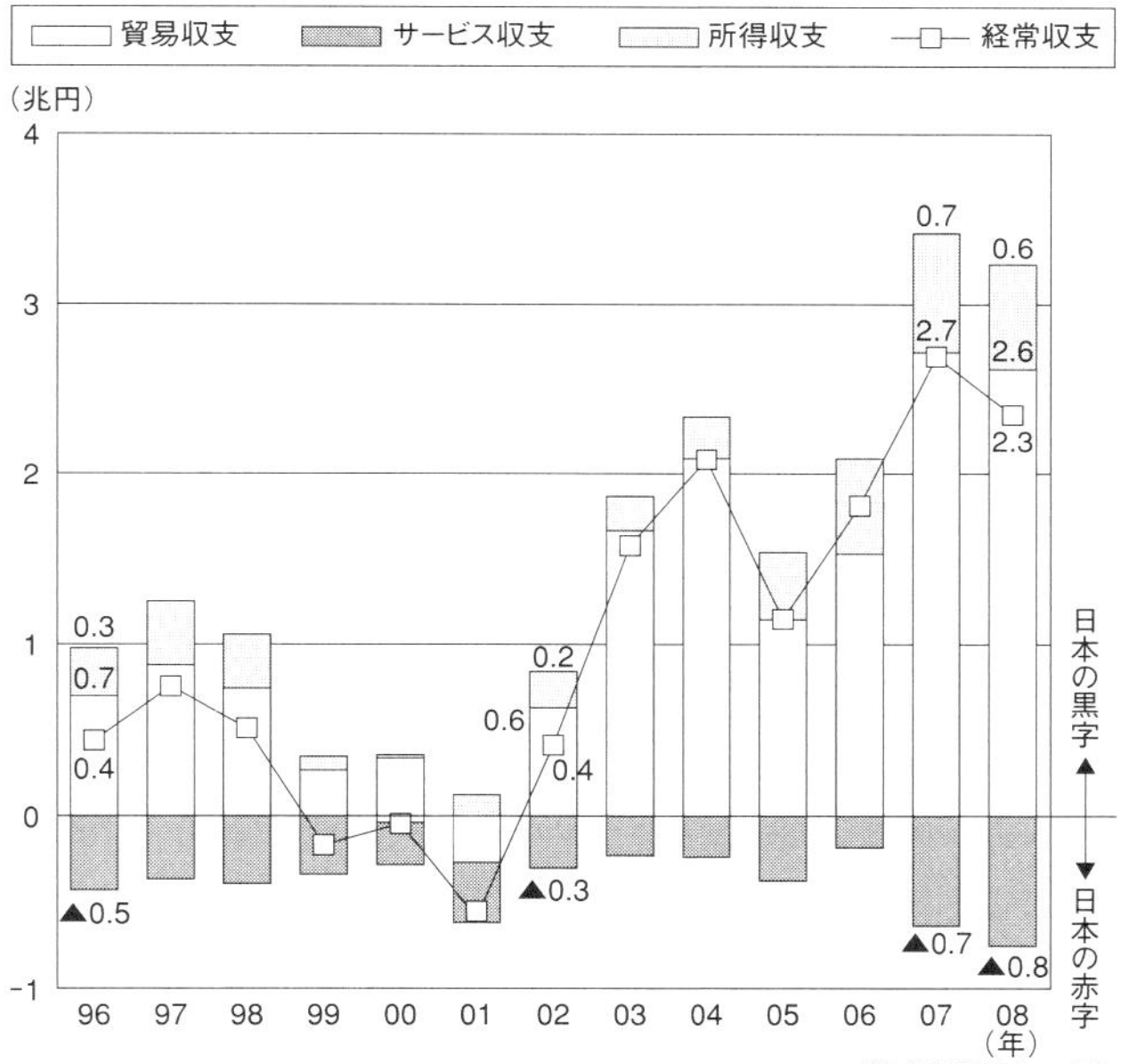

［資料］［注］図1に同じ

つは資源国のカナダでしたが、残りの二つはどこでしょう。

厳しい国際競争にさらされているこの国なのに、日本はどの国から儲けてどの国に貢いでいるかを確認している人は非常に少ないのです。たとえばとても多くの方が、日中貿易は日本の赤字だと決め付けています。ところが〇八年の日中の貿易収支は、日本が二・六兆円の黒字でした（図4）。〇七年も日本が二・七兆円の黒字で、不況になってもほとんど変わっていません。

ちなみに〇八年の対米貿易黒

字は六・三兆円でしたから、中国もアメリカの四割程度の規模で日本の黒字に貢献しているわけです。

一言注釈すると、この数字は対中国と対香港の合計です。三角貿易とはこのことなのでしょうか、日本の対中輸出は香港経由が多いのに、中国は日本に直接輸出しています。香港を忘れて日本と中国の数字だけ見ると、日本の方が赤字に見えますが、日本の対中赤字よりも対香港の黒字の方がずっと多いのでご注意ください。

ちなみに〇二年以前は日本の対中貿易黒字はまだ数千億円程度でした。ところが今世紀の中国の経済成長に伴って、日本が中国から稼ぐ黒字は二兆円を超えるところまでぐんぐん伸びてきたわけです。あいにく世界同時不況で中国経済も打撃を受けましたので、〇九年の日本の対中貿易黒字は一兆円台に落ち込みそうですが、これは中国経済が不況になったからであって、日本の競争力が落ちたからではありません。彼らが成長軌道に戻る今後は、当面また日本の対中黒字も増えます。

困ったことに「自虐史観」ならぬ「自虐経済観」とでも申しましょうか、最近国内では、「中国の繁栄は日本の敗北だ」と数字もチェックせずに思い込んで被害妄想になって、声高に「中国は早晩ダメになるぞ」とか、逆に「中国のおかげで日本が没落する」とか騒ぐ向きがあります。「自虐史観は許さない」と威張っているネット右翼の連中が、先頭を切ってそうだったりするので困ります。でも違います。現実には中国が繁栄すればするほど、日本製品が売れて日本が儲かるのです。中国経済がクラッシュすれば、お得意さんを失う日本経済にはそれこそ一〇〇年に一度の大打撃です。

「そんな余裕をこいたことを言っているが、中国が発展すれば、モノづくりの競争力でもいずれ日本を抜くだろう。GDPも今年は中国に抜かれるではないか」と、そのようにお考えの方。本当にそうですかね。いかなる根拠からそうお考えでしょうか。

図5　日本の相手国別国際収支(08年)

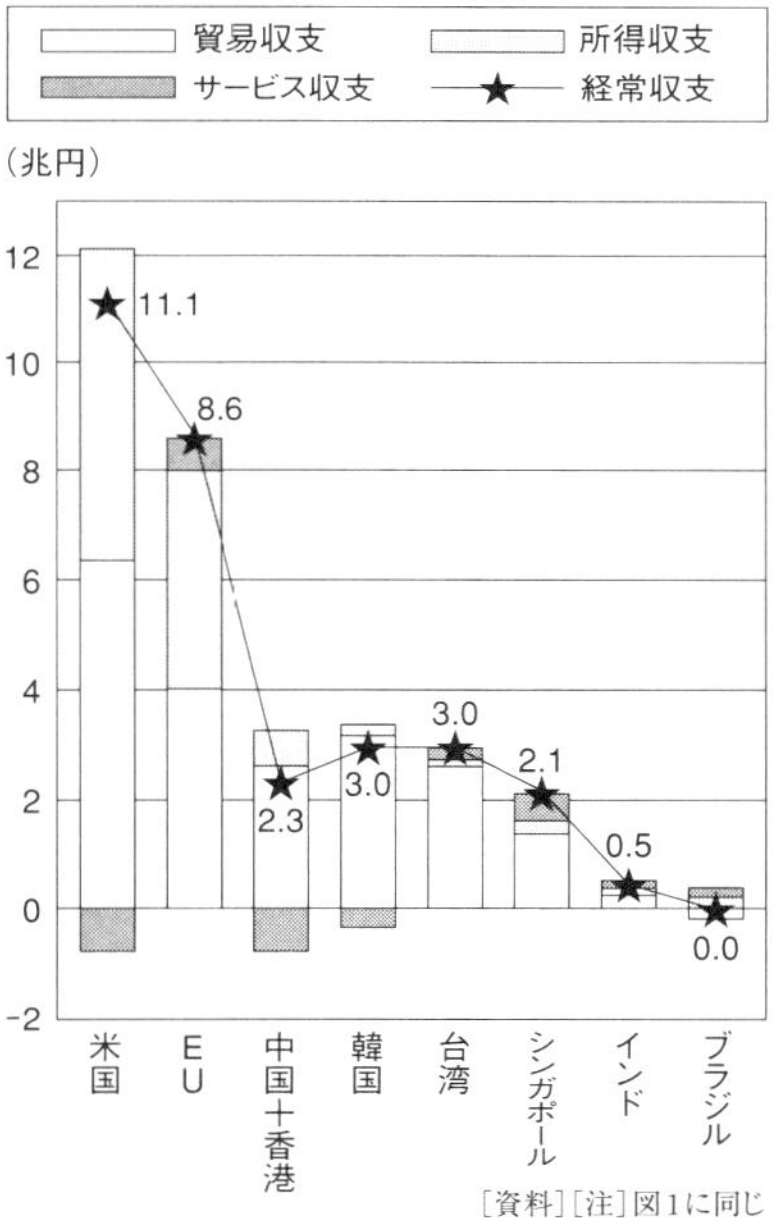

[資料][注]図1に同じ

もちろん、GDPの合計額に関しては中国が日本を抜くでしょう、向こうの方が人口が一〇倍以上も多い国なのだから。日本の方がまだGDPが大きいという現状は、つまり一人当たりGDPに日中で一〇倍以上も差がついているということです。なんとか中国が発展を続け、一人当たり

ＧＤＰの差がだんだん詰まってくれれば、それどころか現実にはなかなか無理でしょうが今のシンガポールのように日本と同等になるようなことでもあった日には、今のシンガポールにおけるのと同等に日本製品が売れて、日本経済は史上最高の繁栄を迎えることになるのですけれども。

実際問題、人口の八割弱が華人で、いわば中国の進化型と言ってよいシンガポールでは、車の過半数は日本製ですし、機械に食品、マンガなども大いに売れています。人口は中国の〇・三％なのに、ここから日本に流れ込む経常黒字は年間二兆円超と、中国＋香港からの黒字に近い水準にまで達しています。中国がシンガポールのような発展にちょっと向かうだけで、日本からの輸出が増えるだけでなく中国に投資した日本企業ももっと儲かり、日本の所得黒字もさらに増えます。

「シンガポールがどうした。中国はシンガポールとは違って何でも自国で作れるようになるぞ。日本の製造業の先行きは暗い」とお考えの方。これまた本当にそうなるのでしょうか。それではお聞きしますが、製造業の分野では中国よりもよほど先に行って、世界に通じる高品質のハイテク製品を作れている韓国や台湾と、日本との貿易は、どちらが黒字なのでしょう。

中国に先んじて発展した韓国・台湾こそ日本の大得意先

韓国の人口は日本の三分の一強ですが、根性の入った国民性で、スポーツでも産業でも世界に雄飛していますし、車だって日本企業に伍《ご》して世界中に浸透していますし（世界で韓国車が売れないのは沖縄以外の日本だけだそうです）、家電やオーディオの分野ではもう韓国の方が強くなっていますよ。中国が今後さらに発展したとして、韓国のように一致団結してモノづくりにいそしむようなところまで行くのでしょうかね。私は難しいのではないかと思いますが。それから台湾に関しても、世界のパソコン生産を一手に引き受けていたりしますし、少なくとも中国よりはずっと先行して、モノづくり国家として発展しています。そういう韓国と台湾に対して、日本は貿易でも劣勢なのでしょうか。

とんでもない、日本は中国（＋香港）からだけでなく韓国、台湾からも、〇七年、〇八年と続けてそれぞれ三兆円前後の貿易黒字をいただいているのです。中・韓・台から稼いだ貿易黒字の合計は、〇〇年に比べれば二倍以上に膨らんでいて、この二年間はアメリカからの黒字を上回っています。つまり、アメリカに匹敵する輸出市場が、今世紀になっての中・韓・台の経済的な擡頭のおかげで出現したわけです。ちなみに先方の人口当たりに換算すれば、中国に比べて韓国は三〇倍、台湾は六〇倍、さらに豊かなシンガポールに至っては一六〇倍の貿易黒字を日本にもたらしている計算です。

この数字を確認していただければ、私が「中国が工業国として発展すれば日本を凌駕《りょうが》する」という「空気」に安易に染まれないこともご納得いただけるでしょう。「仮に今後中国がうまく発展できれば、先に産業を発展させてきた韓国や台湾の状況に近づいていく。そのおかげで日本はますます儲かる」というのが、「空気」や感情に流されないまともな推測なのではないでしょうか。

ただ後の方でも触れますが、中国の経済発展はあと一〇―二〇年ほどで人口面から大きな壁に突き当たります。その頃になると、いったん隆盛に見えた軍事力面でのプレゼンスも弱まっていくでしょう。中国嫌いのあなた、喜んでいる場合ではありません、これは日本経済にとっては致命的な逆風になる話なのです。でも原因が人口なので、人為で有効な対策をとるのは難しいでしょうね。

それはともかく、そもそも日本が韓国や台湾に何を売っているのか、その実態をご存じであれば、「中国の発展は日本経済を利する」という話は当然に納得できるものでしょう。マジメな人に限って、日本が売っているのはハイテク技術の真髄を極めた一部の部品や素材、特殊な機械「だけ」だと思っているのです。これらは確かに彼らの製造業に不可欠なもので売れています。ですが特に韓国の産業は優秀ですから、自前で製造できる部分を年々増やしてきています。日本だってそうしてきたのです。それなのに、今世紀になってから日本の対中・韓・台の黒字が二倍以上に増えているのはなぜなのか。対韓国だけなら三倍増です。韓国、台湾は、日本からモノづくりのためのハイテク部材や機械だけを買っているわけではありません。豊かになった向こうの国民が、日本製品の中でもブランド価値の高いものを買い始めているのです。車や電気製品はもちろんですが、安心安全が売りの食材や、お菓子なども人気です。日本人の一部が韓国直輸入の高級キムチや陶磁器を買うように、韓国人の一部が消費する日本直輸入の高級品も年々増えているのです。だからこそ、先方の技術力がいくら高くなろうとも、いやそのおかげで国民が豊かになって行けば行くほど、日本の貿易黒字は増えていく。技術ではなく「ブランド」が日本の商品に備わっている限り。

というわけで、〇八年からの韓国経済のクラッシュは、日本の対韓ビジネスにとっては大打撃です。円高ウォン安がこれに追い討ちをかけています。にもかかわらず、〇八年の対韓貿易黒字は微増だったので驚きます。日本車が売れたことなどが寄与したのでしょうが、そういう構図は長続きしないでしょうから、今後は韓国経済の再びの発展によって、当方の儲けも増えることを願うものです。そういう理屈がわからないまま感情的に「嫌韓」だの何だのと騒いでいる人も、日本の経済的繁栄の継続にもう少し気を配ってはいかがでしょうか。

習い性と申しますか、日本人は自分のことを、「ご近所のブルーカラー」「派遣労働者」だと思い込んでいます。「賃料の安い仕事が得意だったのに、それを周辺の新興国に奪われてジリ貧になっている」と、勝手に自虐の世界にはまり、被害妄想に陥っている。ところが実際は日本は「ご近所の宝石屋」なのです。宝石屋なので、逆にご近所にお金がないと売上が増えません。ご近所が豊かになればなるほど、自分もどんどん儲かる仕組みです。事実ここ数年、ジリ貧のアメリカ相手の儲けはもう伸びていませんが、ご近所の中・韓・台が成長したおかげで、高い製品もよく売れてたいへん儲けさせていただいた。資源高で潤ったロシアからすら、貿易黒字をいただいていたのです。これで他の世界中の途上国もお金持ちになったら、日本はさらにさらに儲かるわけです。

と、ここまで強気なことを申し上げてきた私ですが、「呑気《のんき》なことを言うな、失業率は高まる一方で、低所得にあえぐ人がどんどん増えているではないか」と言われればひとたまりもありません。「輸出が倍増したというけれども、日本の経済規模は一〇年以上も停滞しているではないか」とのご指摘は、まったくその通り。ですが、これらは国際競争に負けた結果ではありません。国際競争にいくら勝っても、それとはまったく無関係に進む日本の国内経済の病気、「内需の縮小」の結果です。これはいわば経済の老化現象でして、企業のせいでも政治のせいでも霞ケ関《かすみがせき》のせいでもない。従って、日本が国際競争に勝ち続けることは、実は対策になってきませんでしたし、これからも対策にならないのです。

ところで、そのように無敵の商品力を持つ日本から逆に黒字をむしり取っていく、もっと凄腕《すごうで》の宝石屋が世界にはいます。先ほどのクイズに出てきた二国です。

フランス、イタリア、スイスに勝てるか

何が起きても儲けの減らない世界の工業国兼金貸し・日本から黒字を稼ぐのは容易ではありません。アメリカはもちろんですが、中・韓・台も、ロシアですら対日赤字なのです。資源国の中でも中東産油国やインドネシア、オーストラリアなどは向こうが黒字ですが、これらの国は国内市場が小さく日本からの輸出に限界があるからで、他の非資源国からはそれを補って余りある額を稼げています。

欧州を見ても、ＥＵ全体もそうですし、イギリスだけを見てもドイツだけを見ても、向こうが大幅な対日赤字です。でも実は、拡大Ｇ８の中でもフランスとイタリアは、近年一貫して対日貿易黒字なのです。Ｇ８以外では、スイスが貿易、所得、金融サービス、特許料と、すべての分野で対日黒字です。彼らは天然資源輸出国でもなければ、ハイテク製造業立国ともいえませんが、そんなものを跳ね飛ばすくらい強力な資源を持っているのです。何でしょうか。「自国製」の「高級ブランド品」です。

今の日本で売れているアメリカ国内製の高級品というものは限られています。ハーレーのバイクとか、ボーズのステレオとか、かなり限られたものだけになってしまいました。ドイ

ツも高級品で鳴らしてきましたが、今では刃物でも、カメラでも、日本製品のほうが性能が良くなってしまった。ですが、まだフランス、イタリア、スイスには、日本製品がブランド力で及ばない高級品がわんさかあります。ハイテク製品ではありませんよ。食品、繊維、皮革工芸品、家具という「軽工業」製品が日本で売れているのです。食品の中でも最も原始的な水、私には余りおいしいとは思えないエビアンですらわざわざフランスから運んで売れているわけです。ワインの日本人家庭への浸透も急速です。

フランス、イタリア、スイスは、日本からハイテク製品を買っていないわけではない。WTO時代ですので、そんな勝手は許されません。でも、彼らが買ってくれる日本のハイテク製品の代金よりも、日本人が喜んで買っている向こうの軽工業製品の代金の方が高いので、日本が赤字になるのです。皆さん、事実を直視しましょう。日本の一部男性の大好きなハイテク製品よりも、日本女性の大好きなブランド付き軽工業製品の方が、バッグでもショールでも、申し訳ないけれども値段が高いのです。

でも幸いなことに、日本はもともと軽工業製品の分野にも極めて強い国です。伝統工芸にも素晴らしいものが多い。本来の力を発揮すれば、何も困ることはありません。

ということで我々が目指すべきなのは、フランスやイタリアやスイスの製品、それも食品、繊維、皮革工芸品、家具という「軽工業」製品に「ブランド力」で勝つことなのです。今の不景気を克服してもう一回アジアが伸びてきたときに、今の日本人並みに豊かな階層が大量に出現してきたときに、彼らがフランス、イタリア、スイスの製品を買うのか、日本製品を買うのか、日本の置かれている国際競争はそういう競争なのです。フランス、イタリア、スイスの製品に勝てるクオリティーとデザインとブランド力を獲得できるか、ここに日本経済の将来がかかっています。

車でいうと、中国のメーカーに勝つとか、インドのナノに対抗して安い車を出すとかそういう話ではない。海外市場ではＢＭＷやベンツにも十分伍していますが、その先のフェラーリに勝てるかということです。不動産開発でいうと、ドバイの超高層開発に勝つのではなくて、パリの街並みよりも資産価値の高い中低層の街並みを東京や大阪につくれるかということが本当の勝負です。世界中から本当の金持ちや文化人が集まって住んで消費しているのはパリやスイス、カリフォルニアなどの低層の高級住宅街、ショッピング街であるわけです。ドバイやシンガポールでも実態は同じです。そうした街並みに匹敵するものを日本はつくれるか。一〇〇年後も二〇〇年後も文化的価値を放ち続け商業を引き寄せる都市インフラ、日本で言えば京都の東山周辺みたいなものをつくれるか、そこに世界中の金持ちの上品な投資を呼び込めるか、これが日本の課題です。

それが日本の課題だと皆が気づいてまじめにやれば、成果は出ると思います。ところが今は逆で、中国でも十分作れるものを人件費の高い日本で作り続けようとして、結局ワーキングプアーを大量発生させている。挙げ句の果てには安価な労働力を移民させて来いと騒ぐ。そうではなく日本は、中国に任せるものは任せ、フランス、イタリア、スイスを追って高級品分野にシフトしていくべきなのです。

だって、ハイテク分野では日本にかないっこないフランスやイタリアが、人口でも日本の半分ほどしかない彼らが、ブランドの食料品と繊維と皮革工芸品を作ることで、日本から貿易黒字を稼いでいるんですよ。東北地方と大差ない人口のスイスなんか、医薬品に高級時計なんかもあって、人口比で見ればはるかに大きな黒字を稼いでいます。日本だってアジア相手に同じことができるんです。何を怖がっているのか。

「ＧＤＰ総額で中国に抜かされたら、世界がだんだん日本を相手にしなくなる」と騒いでいる人に言いたい。とっくに日本に抜かされた英独仏伊や、最初から小さいスイスが、世界からないがしろにされているだろうか。先進国の国力は量ではなく質で測られるのです。

残念ながら今のままでは、中国でもインドでも、アジアが豊かになったら、日本人と同じようにフランスやイタリアの製品を買い始めます。そうではなくて、最高級品は日本、という分野を増やさなくては。化粧品はかなりそのあたりができている。日本人の肌に向いているものはアジア人にも向いているということがあるからですが。同じように水だとか、ワインに日本酒にお米に野菜に果物に肉、そして装飾品、服飾雑貨についても、日本製品は世界最高だと、車がやってきたのと同じようにアジアの金持ちに言わせることができるか、そこが本当に命をかけてやるべき競争なのです。

第3講　国際競争とは無関係に進む内需の不振

日本経済の停滞は、国際競争に負けた結果ではないということをお示ししてきました。国際競争に勝っても勝っても、それとは無関係に進む「内需の縮小」こそ、日本経済が直面する恐るべき病気なのです。以下、その実態を探って行きましょう。

「戦後最長の好景気」の下で減り始めた国内新車販売台数

しばらく間が空きましたがクイズの第四問です。「日本の自動車産業は輸出不振で大騒ぎだが、国内の新車販売台数に限ってみれば、景気は絶好調だったけれどもガソリンが高騰した二〇〇七年からもう減っていた。本当でしょうか、嘘でしょうか。ちなみに出典は自動車販売協会連合会の集計で、好調の伝えられていた軽自動車、乗用車、貨物車、バスなどを全部足した数字を、台数ベースで見たものです。

お間違えになる人が多いのですが、残念ながら正解は「嘘」です。

国内新車販売台数は、毎月一台単位で発表されている全数調査結果です。年に一回ぐらいは新聞に載りますし、業界団体のホームページにも載っています。ところが、テレビはもちろん新聞でも日々のほとんどの記事は、世界不況になってから急に騒ぎ始めたものばかり。短期的な騒動を追っかけているだけでは、大きな流れはまったく見えてきません。

日本国内での新車販売台数は、そんな最近に減り始めたのではありません。ここ一〇年間でみれば〇〇年をピークに〇一年から下がり始め、〇三―〇四年と少々増えたものの〇五年からまた減少に転じ、国内景気が絶好調とされていた〇六―〇七年には減少ペースが大きく加速しました。不況で輸出が落ち込んだ〇八年になって急に「車産業は大変だ」と皆が大騒ぎしているわけですが、当の自動車メーカーはもっと前から困っていたのです。

長期的な数字を見ないまま犯人捜しをすれば、なぜ車が売れないのかについても、間違った結論に走りがちです。今の日本では皆が、「若者の車離れ」が原因だと言っている。確かに、原因がそういう心理的なことであれば、何か魅力のある新しいコンセプトでも打ち出せればまた車は売れるかもしれないわけです。世間にそういう印象を与えておくのは好都合なので、自動車メーカーも、売れない本当の理由がわかっているのにこの耳当たりのいい言い訳に飛びついた。でも「若者の車離れ」って早くも〇一年の頃から始まっていたんでしょうか？　根拠不明の感情論に引っかかってはいけません。

そもそも、大都市圏の中心近くに住んでいるごく一部を除いた日本人のほとんどにとっては、車は嗜好品《しこうひん》ではなくて必需品です。飽きたから買わないというものではない。ないと生活できないのだから。興味ないから安いので済ませておこうという人は増えているかもしれませんが、そういうのは単価減少→売上高の減少の理由にはなっても、販売台数減少の理由にはなりますまい。ましてや〇六年あたりの「好景気」の最中においてすら、売上だけではなく台数までもが減ってしまうという理由として、「車離れ」では説得力がない。

何か経済的に見て構造的な理由がなければ、こういう長期トレンドは出てこないのです。何年か前の好景気の頃の話ですが、トヨタのある人は言っていました。「外国でのトヨタ車の販売は当然ながら景気に連動している。でも日本国内での販売は景気に全然連動しない。我々はもう骨身にしみてわかった」と。

小売販売額はもちろん、国内輸送量や一人当たり水道使用量まで減少する日本

車の国内販売の不振ばかりをあげつらって失礼しました。実はこれは、日本経済全体の変

調の一断面にすぎません。他にも長期的に減っているものがいっぱいあるのです。

たとえば、百貨店の経営が不振だという話は、マスコミが盛んに取り上げるので誰でも知っていますね。それでは、スーパーはどうなのでしょう。通販は？　百貨店だけでなく全国チェーンの大手スーパー、全国の無数の食品スーパー、それに通販会社の売上も足した、経済産業省の商業統計の小売販売額を見たら、〇八年度は減少が始まって何年目だと思いますか。二年？　三年？　答えは一二年です。正確には、燃料小売業を入れると〇六年度だけは微増したのですが、これはガソリン高騰のせいであり、国内では誰も儲《もう》かっていません。燃料小売業を除くと、九六年度をピークに一二年連続で減少が続いているのです。ピークがバブルの頂点の九〇年度ではないことにご注意ください。

この一二年間には、日本の実質GDPは十数％も伸びましたが、国内の小売業の売上はずっと減っていたのです。「株価低落による逆資産効果」と言っているすべての方にお聞きします。この間までの好景気で株価が回復していた間にも、日本の小売販売に関しては「資産効果」はありませんでした。なのに急に「逆資産効果」が出るのでしょうかね。

ほかには何があるでしょう。出版ニュース社の出版年鑑によりますと、国内の書籍・雑誌の合計売上が九六年をピークに、販売部数は九七年をピークに減っています。当初は、九五年に神がかり的に人気だった漫画『ドラゴンボール』の「週刊少年ジャンプ」での連載が終わって、公称一千万部だった同誌の発行部数が大きく減ったのが原因である、というように言われていました。そして今では、「出版不況はインターネットの普及のせいだ」ということになっています。ですが、九六—九七年あたりはまだインターネットはそんなに普及していなかったですよね。何でもホームページで調べるようになり、メールだのブログだの普通に使うようになったのは、いわゆる「二〇〇〇年問題」が無事に終わった後、というかせいぜい五年くらい前からの話です。もちろんそれで出版不況に拍車がかかったというのは事実ですが、九〇年代後半の減少には何か別の要因がなければならないですよね。

それは九七年からの金融危機に違いない、という方。日通総研という会社が、国内貨物総輸送量（重量×距離）という統計を出しています。これは、〇〇年度をピークに減っています。金融危機の後も伸び続けていたものが、〇一年からの輸出景気の始まりの頃から減り始めた。なぜなのでしょう。

同じく自家用車による国内での旅客の輸送量（人数×距離）も、国土交通省から出ている統計では、九〇年代後半から急に成熟し、〇二年度をピークに減少に転じています。自家用車の普及に伴ってバブル崩壊にもかかわらずぐんぐん伸び続け、金融危機以降もまだ増えていたこの数字が、なぜまた輸出景気が強まり始めた〇三年から減り始めたのでしょうか。

これらの数字は日本経済のいわば基礎代謝を表す非常に基本的なものです。少なくとも失

図6　落ち始めた日本経済の基礎代謝

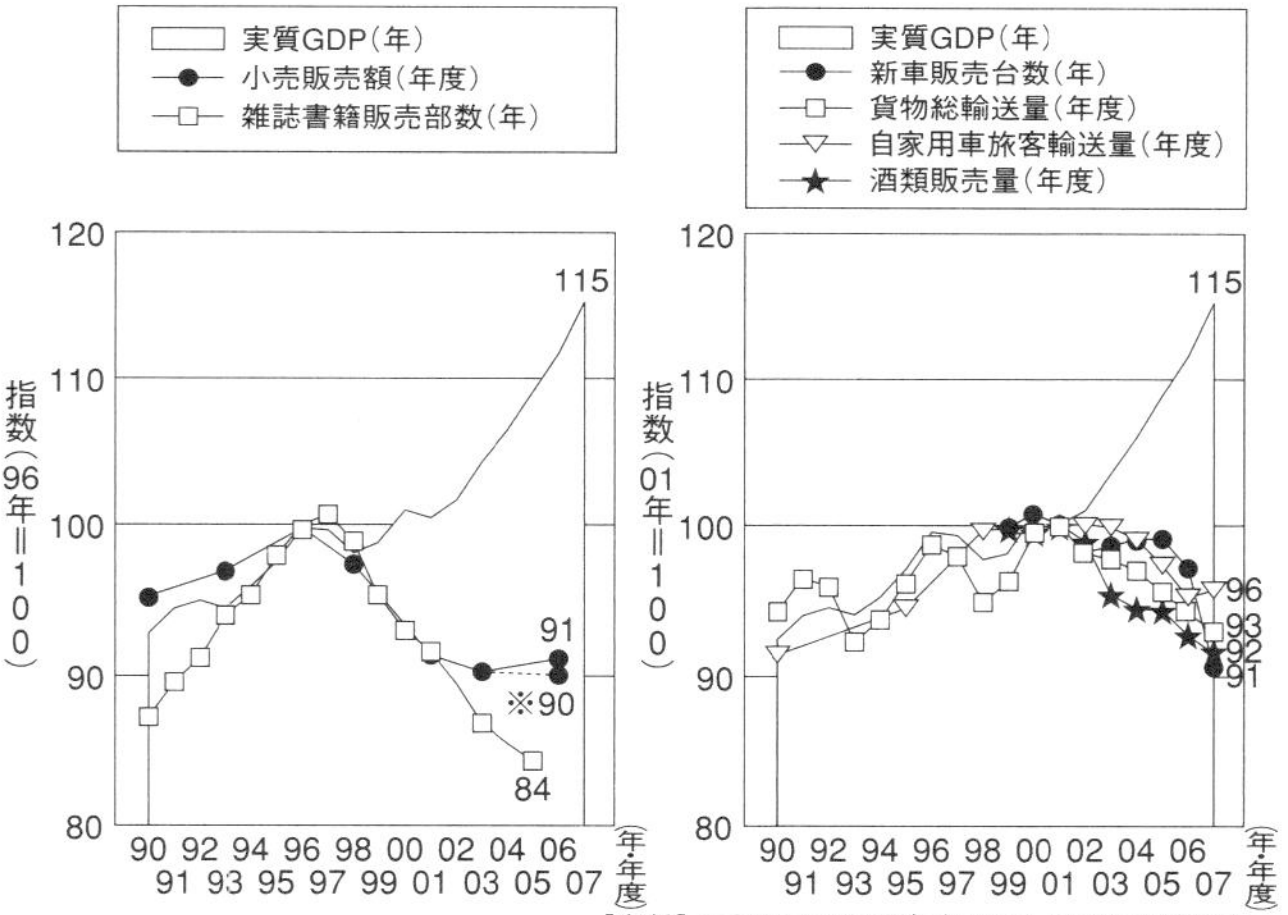

［資料］本文中に記載の各資料をもとに筆者が構成
［注］小売販売額の※90は、該当年度から燃料小売業を除いた場合の水準

業率や有効求人倍率に比べれば、関係している日本人の数ははるかに多い（あなたの行動も私の行動も数字積み上げに貢献している）はずです。こういう数字を無視して、あるいは日本人全員がお客である小売販売額を無視して、人口の数%の人しか関係していない失業率や有効求人倍率を基にした「景気」を論じるのって、何だか倒錯していないでしょうか（ただし、失業者は数%しかいないので無視しろ、などといっているわけではありません。失業率という数字は、雇用問題を考える際にはもちろん重要ですが、日本経済の基本的な状況を示す指標としては有効性が限られるということなのです）。

おもしろいところでは財務省の統計に

ある国内の酒類販売量が、〇二年度から落ち込み続けています。これは焼酎《しょうちゅう》やワインなど伸びているものも入れた数字で、ビール類だけであれば九七年度からです。酒税が存在するおかげでこれまた議論の余地のない全数調査結果なのですが、なぜバブル崩壊時ではなく九七年度や〇二年度から減少なのか。日本人の一日一人あたりの蛋白質《たんぱくしつ》や脂肪の摂取量も、厚生労働省の統計によれば九五―九七年あたりをピークに落ち込み始めました。食生活の洋風化で増える一方だった数字が、なぜバブル崩壊後の九二年あたりではなく、そのしばらく後に減り始めたのでしょう。「皆が肉だの脂っこいものだのを余り食べないようになり始めたのさ」と言えばそれまでですが、ではなぜこの時期からそのような傾向が出てきたのか。さらには日本人一人当たりの水道使用量。これは九七年がピークだそうです。「ミネラルウォーターの普及が原因か」と考えたあなたは、毎日の生活を振り返ってみてください。飲用なんて風呂《ふろ》や洗濯や何かに比べたら、水を使う量のごく一部ですよ（そうでなければ、ミネラルウォーターにお金がかかって仕方がないことになります）。

以上、お互いに関係ない数字を挙げてきているようですが、実は皆同じ構造的な問題によって減少に転じたのです。

後の方で真相をお示ししますがその前に、間違って犯人にされているものがあるということについて説明しなければなりません。冤罪《えんざい》は、犯人にされた方からすれば恐るべき人権侵害ですが、真犯人を放置してしまうという点でも大きな社会悪であり、被害者の心の救済にも逆行します。そのような冤罪の被害者が、いわゆる「地域間格差」です。

なぜ「対前年同期比」ばかりで絶対数を見ないのか

ちょっと横道にそれますが、なぜこのように重要な長期トレンドを絶対数で把握している人が少ないのか。なぜテレビも新聞も断片的に「対前年同期比」を報道するだけなのか。彼らには彼らの理由がありますのでここで述べておきます。それは、マスコミ経済情報の主たる消費者である金融投資の関係者が、短期の上下の話だけに関心を集中しているからです。

偉そうに聞こえるか、バカだと思われるかはともかく、私はアメリカのビジネススクールのMBA（経営学修士）を、「ファイナンス（金融）専攻」で取りました。九四年ですので大昔ですが、でも当時の私にですら、そこで教えられていることに論理矛盾があることはわかりました。同じMBAの授業でも、マーケティングは非常におもしろかった、企業戦略もおもしろかった、でもファイナンスはこのままでは行き詰まるのが明らかでした。

ファイナンスの基本原理である、「物事の価値は会計帳簿上の簿価ではなく、時価で見なくてはならない。そして時価とは、将来期待される収益の割引現在価値である」ということはとても納得的でした。日本の地価はこれから長期的に下がるとか、世界の資産デフレも長期的に解消されないとか、この基本原理を理解したおかげで読めたこともある。マクロ経済学に入れ込んでいる人も、ファイナンスのこの原理はぜひ踏まえなくてはなりません。

ですが、アメリカのファイナンスの世界で実際に行われていたやり方には、仮定に立った机上の計算が多いこともとてもよくわかりました。その中でも最大に間違った仮定が、「投資先の商品や会社が生む収益は、平均すれば長期的に一定の成長率で増加していく」というものです。実際にはそんなことがあるはずはない。商品にもプロダクトライフサイクルがありますし、会社組織にも寿命があります。本当に優れた会社であれば、主力商品を取り替え、会社組織を再生しながらつないでいくのでしょうが、ほとんどの会社はそのつなぎにどこかで失敗して、仮に倒産しなくともリストラはするはめになる。倒産やリストラの際には、その会社に資金を出していた投資家も損切りを余儀なくされます。その際の損を含めて長期的な投資収益を計算してみれば、決して彼らの机上の計算のような成長率にはなりません。つまりビジネススクールで教えられていた米国流のファイナンスの世界全体が、怪しい投資話に投資家を誘うための甘いフィクションに貫かれていたのです。

その後すっかり日本にも広まった米国流のファイナンスですが、本当は関係者だって構造に無理があることをわかっていないはずはない。でも事実がどうであるかは短期的投資の世界ではどうでもいいのです。倒産やリストラの前に「自分だけは売り抜ければいい」わけですから。倒産間際の会社であっても、市場で「成長企業」という噂が流れていれば、株を買ってくれる人はいます。「事実は何か」ということよりも「皆がどう思っているか」、その結果売りと買いどっちに動くかが重要になる。だから、四半期決算だの対前年同月比だの、短期的でデジタルな指標だけが注目されるのです。

結局、車というような重要な産業を、短期的な投資の対象とみるのか、日本の中長期的な経済的繁栄を支えるインフラ的なものとみるのかによって、「対前年同期比」の世界に浸っていればいいのか、長期トレンドを把握すべきなのかも変わってくるわけです。そして本当は、長期的な視点に立つべき銀行家やその他の国民が、売り抜けを狙う一部の短期的投資家にお付き合いをする必要はありません。

ところが経済報道のお客様はどうしても、彼ら短期的な売り抜けを志向する連中なわけです。ということでお客の方を向いていれば報道が短期的な傾向ばかり報じるようになるのは避けられません。その結果、去年の、一昨年（〇八年）の水準はどうだったかという、実数の変化に誰も気がつかないという事態が生じてしまっています。皆さんには、報道のそういう避けられない欠陥を踏まえた上で、ご自分で絶対数を確認されしっかりと長期トレンドを把握する癖を付けられた方がよろしいかと思います。

第4講　首都圏のジリ貧に気づかない「地域間格差」論の無意味

日本経済を蝕《むしば》む「内需の縮小」という病気。よく犯人扱いされるのが「地域間格差」ですが、それは実は冤罪《えんざい》だと申し上げました。本当は何が起きているのか、以下ご説明いたしましょう。まずは「衰退する地方」の代表として、特に景気の悪い地域の一つである青森県の数字におつきあいください。

苦しむ地方の例…個人所得低下・売上低落の青森県

景気が悪い悪いと言われながら、バブル崩壊後の青森県では小売売場面積（県内のすべての小売店の売場面積の合計）がどんどん増えました。商業に詳しい方は、イオンの超郊外型シ

図7　小売指標と個人所得—青森県

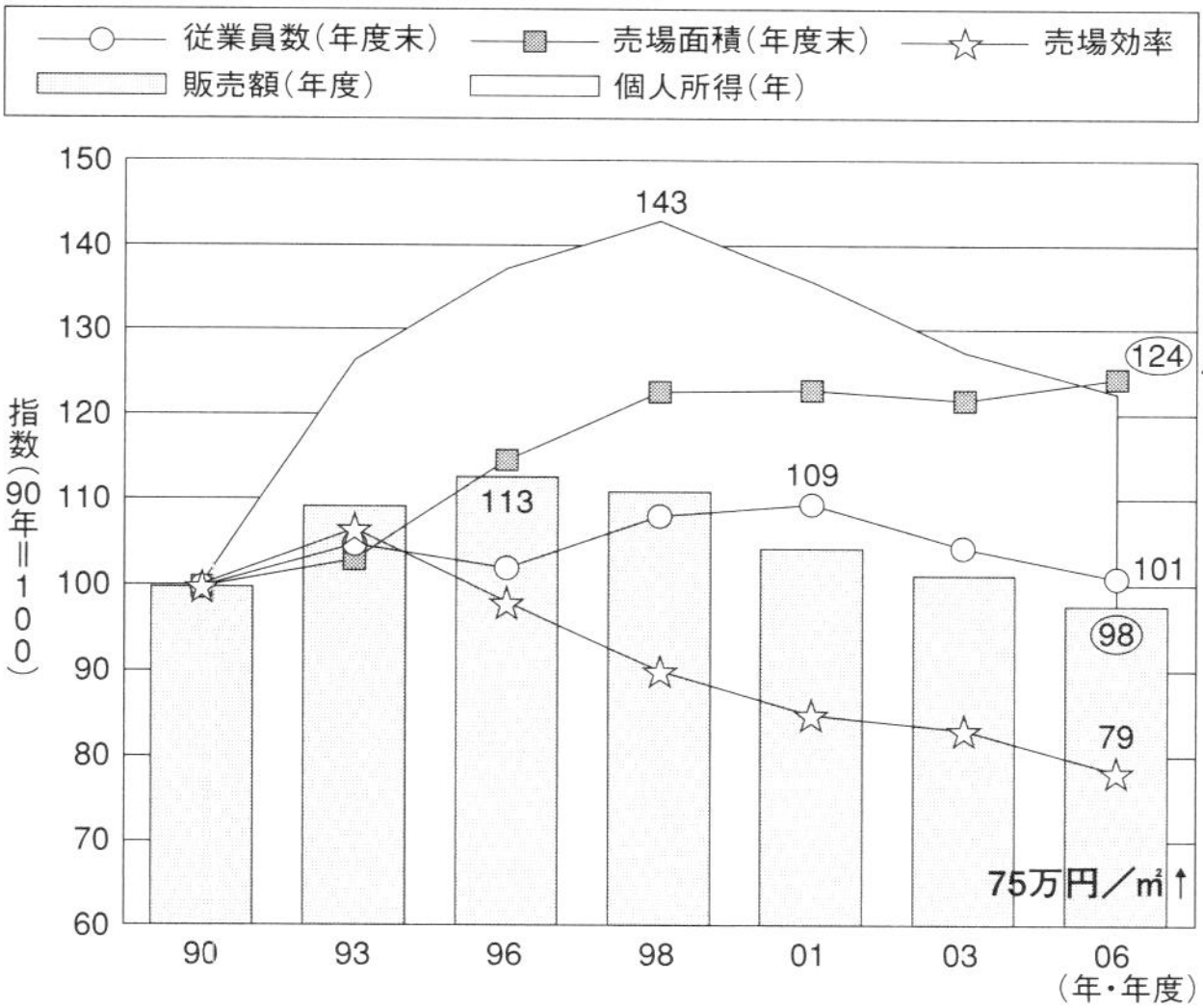

［資料］経済産業省「商業統計表」、総務省「市町村税課税状況等の調」から筆者作成
［注］販売額には当地本社の通販企業含む／ここでの個人所得は課税対象所得額

ヨッピングセンターの第一号が、弘前《ひろさき》の北方の（旧）柏《かしわ》村に一九九二年に開業したイオン柏SC（現イオンモールつがる柏）だったことをご存じかもしれません。八戸《はちのへ》と三沢の間に九五年に開業したイオン下田SC（現イオンモール下田）はなお有名です。その後地元スーパーや百貨店の倒産もあったのですが、それでも一六年間に県内のお店の売場は二四％増えたのです。

　ところが、小売販売額（県内のすべての小売店の売上高の合計。県内本社の通販企業の売上も全額含む）は、九六年度に一兆六七〇〇億円でピークを迎えてからは下がる一方でした。〇六年度には一兆四四〇〇億円と、九〇年度の一兆四七〇〇億円も割り込んでいます。ただし、売上のピークは九六年度でして、バブルのピークの九〇年度ではない。九〇—九六年度の成長が貯金となって、〇六年度の売上も九〇年度の水準と余り変わりはないのです。

売上がこのように動いているのはなぜでしょうか。実は青森県民の個人所得に連動しているのです。

個人所得というと、機械的に「一人当たり所得水準」の話であると勘違いをする人がいますが、ここで言っているのは「一人当たり」の水準ではなく、「県民全員の所得の合計額」です。実際問題、一人当たり水準に関係なく合計した絶対数が伸びていれば、マーケットとしては魅力があるのですよ。その絶対数をちゃんと税務署が把握していまして、それがこのグラフ（六三頁図7）では折れ線で示されています。一年くらいのタイムラグはありますが、小売販売額は個人所得とものの見事に連動して上がってそして下がっています。

青森県の個人所得の総合計のピークは九八年でした（バブルのピークの九〇年ではありません）。それなのにその後もまだお店を増やす事業者がいまして、つぶれる店を相殺して売場の総面積が減らない。しかしながら小売事業者にしてみますと、売場を増やしたのに売上が減るわけですから、どこかでコストダウンをしなくてはいけません。というわけでこのグラフの通り青森県では、バブル崩壊以降も売場は増えたのに小売店の従業者数（定期雇用のパート・アルバイトも含む）は減っています。

〇八年後半から、どこぞの工場で非正規雇用の労働者が一五〇〇人解雇されたというようなニュースが目立ってきました。それが大問題なのはもちろんですが、絶好景気と言われていた〇一年度末―〇六年度末の五年間に、青森県内の小売店の雇用が八千人も減っていったということだって、さらに騒がれてもいいと思いませんか。その中には、母子家庭のお母さんだったり、年金をきちんと納めてこなかったために今受取額が少なくて働かなければならないお年寄りだったり、夫の給料が低いのを必死に補っているパート主婦だったりと、取り立ててスキルはないけれどもマジメに働く意欲はあって、相対的に低所得の中で頑張って子育てして消費している方々が多く含まれていたはずなのです。

こんなことになった理由は、所得が減り売上も減っている地域でむやみに店舗面積を増やしたからです。店舗面積を広げた分、地代や建設費、水道光熱費、在庫コストに余計にお金がかかり、人件費に回る部分が減ってしまったのです。もし本当の自由競争が実現しているのであれば、売上が減れば売場も減るのが当然なのに、自由競争＝量的拡大だと勘違いしている人たちがいて、「景気回復に期待する」とか何とかいって過剰出店に走る。それを田んぼをつぶしたい地主、関連する整地や道路上下水道の工事に期待する土建業者が歓迎するものですから、結局そのツケが庶民の雇用と、道路上下水道の負担をかぶる自治体に回ってくるわけです。

こういう過剰出店状況をよく示す指標が、小売店舗の売場効率です。普通は月坪売上を使うところ、ここでは店舗一㎡当たりの年間売上で示していますので少々わかりにくいですが、それはともかく九〇年度から〇六年度の間に二割の低下が起きています。これだけ売場効率が下がれば、当然淘汰《とうた》されて立ち行かなくなる店が出てきます。特に地価の高い中心市街地で、小さな店を借りてやっているような人、そういうところに限って自分で土地建物を持っている人に比べて工夫した品揃えをしていることが多いのですが、そういうおもしろい店から先につぶれてしまう傾向があります。地域に暮らす人から見れば、消費環境が質の面で貧しくなるということで、たいへん残念なことです。

「小売販売額」と「個人所得」で見える「失われた一〇年」のウソ

ところで、ここで使った「小売販売額」ですが、これは経済産業省が小売商業者側に聞いている全数調査で、特に消費税導入以降は多くの事業者が税務署に報告するのと同じ数字を書いています。消費者側に「あなた今月何にいくら使いましたか」と聞いている各種サンプル調査に比べれば、末端の数字まで信頼のおけるものなのです。しかもサンプル調査では消費「水準」はわかりますが、市町村別の販売額といった絶対数は、仮定を立てて計算しなくては出てきません。その際には、小さな統計上のブレが増幅される懸念もあります。

ところが、日本経済を分析する専門家は普通この小売販売額という指標を使いません。理由は、第一には彼らの多くが「水準」だけを見ていて絶対数に関心がないこと、第二に小売販売額は「モノ消費だけでサービス消費が入っていない数字だ」ということです。でもそもそも小売とサービスにどう線を引くのか、怪しいとは感じませんか？　世の中全般に「モノ離れ」と言われていますが、では「モノは売れていないがサービスの売上はどんどん伸びている」というような事態が起きているのでしょうか。旅行産業を見ても外食産業を見ても、残念ながらそんなことはまったくありません。それにそもそも「日本はモノづくりの国」でありまして、国内でモノが売れないところへ輸出（＝外国へのモノの売上）まで急落して皆さんが困っているのです。

また、ここで用いた税務署由来の個人所得は「課税対象所得額」というものですが、これもきちんとした絶対数が市町村別に出る全数調査です。もちろんこれ以外に非課税の所得もありますので、実際の所得よりは低めの数字が出ていますが、とはいっても、その地域の経済状況をとてもヴィヴィッドに示す指標です。

ところでこの税務署由来の個人所得の代わりに、家計調査などの各種サンプル調査を使うのはまだいいのですが、「県民所得」といった、名前は「所得」ですが個人所得とはまったく違う動きをするマクロ指標を使いたがる人がいます。しかし、県民所得というのはたとえば、県内の近代化された工場が県外から機械設備を買ってきて、雇用を増やさないままフル操業して出荷額を増やすだけで、ポンと跳ね上がります。たとえば最近の山口県や和歌山県のように、県民所得は全国屈指に伸びたが（理由は前述のようなことです）県民の個人所得（課税対象所得額）は減少を続けているという、笑うに笑えない事態が起きているところもあります。「平均的にはこうなるはずだ」という仮説の体系を前提とした「県民所得」よりも、税務署による全数調査の絶対数をこそ、まずは確認していただきたい。

そこらあたりをご理解いただいたうえでもう一度青森県の数字を見ますと、九〇―九八年に青森県民の個人所得が四割以上も増えている。「失われた一〇年」とか言われていた時期ですよ、その頃に青森県民は、年間五千億円以上の所得増を申告していたのです。その間も県の人口は減っていたというのに。これは何かの間違いだと思いますか？　でもこれは「県民所得」のような机上の総合計算の結果ではなくて、実際に納税申告された所得額の単純合計です。当時の青森県民が意地か見栄《みえ》か何かで、ありもしない所得を税務署に申告して納税するわけもありません。この数字が正しい証拠に、事実経済産業省が把握している小売販売額も同時期には増えていました。

その個人所得が、青森県では九八年をピークにどんどん減っている。でも、税務署の姿勢から考えても所得隠しは年々難しくなっているでしょうし、第一サラリーマンや公務員では隠しようがない。つまり本当に個人所得が減り始めたのです。当然経済産業省が把握している小売販売額も連動して下がっています。全数調査の絶対数というものは、このようにきちんと理屈通りに連動します。

つまり典型的な「地方」である青森県の経済は、バブル崩壊後のいわゆる「失われた一〇年」の頃にはむしろ元気がよかったのに、二一世紀に入るあたりから急に失速を始めたということです。なぜバブルの九〇年ではなく九六―九八年がピークなのか、先ほどの国内新車販売台数も、全国の小売販売額も、雑誌書籍販売部数も、国内貨物総輸送量も、蛋白質《たんぱくしつ》や脂肪の摂取量も、国内酒類販売量も、みなそういう動きをしていたということを思い出してください。

ちなみにここでご紹介した小売販売額や課税対象所得額、あるいはこの先で使う国勢調査のような、確固たる全数調査の数字は、現場で見える真実と必ず一致しますし、お互いの傾向に矛盾が出ません。一致しないのは、得体の知れない世の空気だけです。こういう空気というのは、数字を読まない（SY）、現場を見ない（GM）、空気しか読まない（KY）人たちが、確認もしていない嘘をお互いに言い合って拡大再生産しているものです。本当に問題なKYというのは、「空気読めない」ではなくて、この「空気しか読まない」なのです。先ほどお話しした、日本は中国に対して貿易赤字だと確認もしないで決め付けている向きなども、このKY・SY・GMの典型ですね。

「地方の衰退」＝「首都圏の成長」とはなっていない日本の現実

さて、以上青森県の状態を、小売と所得を手がかりに見てきました。正に「地方の衰退」を如実に示す恐ろしい数字が並んでいましたね。バブル崩壊時ではなく九六―九八年がピークだったという発見はありましたが、いずれにせよ今世紀に入っての所得と消費の凋落《ちょうらく》はひどいものです。

そこで問題なのは、これは「地域間格差」の結果なのかということです。青森県のような典型的な地方が衰退しているという事実をもって、「地域間格差」の証拠に挙げる向きが、この日本には恐ろしいほど多い。ですが、彼らは首都圏や名古屋の数字をチェックしたのでしょうか。そっちをやらずして「格差」だと叫んでいるのでは、SY（数字を読まない）、KY（空気しか読まない）そのものです。

先ほどまでとまったく同じグラフを、同じ統計を使って、首都圏（本書では一貫して東京、神奈川、千葉、埼玉の一都三県とします）について作ってあります。青森県と首都圏、どちらの数字がましだと思いますか。評価基準は、丸がついている二つの数字にさせていただきます。第一は九〇年度を一〇〇とした〇六年度の小売販売額の水準。ちなみに青森は九八です。第二は九〇年を一〇〇とした〇六年の個人所得の水準。青森は一二四です。首都圏一都三県の数字はどうなっているのでしょう。

一言注釈しておきますと、先ほど申したように商業統計の小売販売額には、当地本社の通販会社の売上が入っています。通販会社の本社が集中する首都圏の数字はその分底上げされています。他方で、九〇年はバブルの最盛期だった関係で、当時繁栄を極めた首都圏の数字は、発射台が高くなっていますから、これは〇六年度の水準を下げる要因になります。

そのあたりのプラスマイナスを勘案した上で考えて下さい。

お見せしましょう（七三頁図８）、意外ですが事実は事実、青森の方が大きな数字になっています。

小売販売額は、青森が九八、首都圏が九六。個人所得は青森が一二四で、首都圏が一一八です。なんとバブル以降の一六年間の個人所得とモノ消費を見る限り、青森の方が首都圏より少々ましな水準で推移しているのです。大同小異とは言えても、世間で言われているように「青森がド不況で東京は一人勝ち」ということだけは一切ありません。

「首都圏の方が消費も所得も一人当たりの数字はずっと大きいだろう」と反論されることが

ありますが、所得も物価も高い首都圏と、所得も物価も低い青森、どちらの生活が豊かなのかは、物価の差を考えない一人当たり所得だけの比較ではわかりません。家賃の差を考えれば、持ち家がなく低所得の人の暮らしは首都圏の方が苦しいのではないでしょうか。

これに比べ、「住民の所得水準や消費水準は、ある時点に比べてどの程度上がっているのか下がっているのか」という数字、つまりここで使った指数は、昔からその地域で生活している人の暮らし向きの実感に合致する数字です。そしてこの観点からの結果は明らかで、地域間格差が拡大しているのではありません。「都会も田舎も同じように低迷している」というのが日本経済の実態なのです。

そうでなかったら、こんなに日本全体が所得低下、内需低下に見舞われたりなどしていません。首都圏が元気なら、日本人の四人に一人は首都圏民ですので、日本経済はもっと元気なはずなのです。

そうはいっても〇二―〇七年の「戦後最長の好景気」の頃に限っていえばどうでしょう。輸出景気の恩恵の及んだ首都圏は輸出産業の少ない青森より、いくらなんでもましだったはずです。事実〇三―〇六年を見ると、首都圏一都三県では個人所得が五兆円近くも増えている。バブル崩壊以降の多年の低迷を脱して、〇六年は一気に史上最高の額になっています。同時期の青森県で個人所得が落ち続けていたのとは実に好対照です。これが「最近の地域間

図8　小売指標と個人所得―首都圏

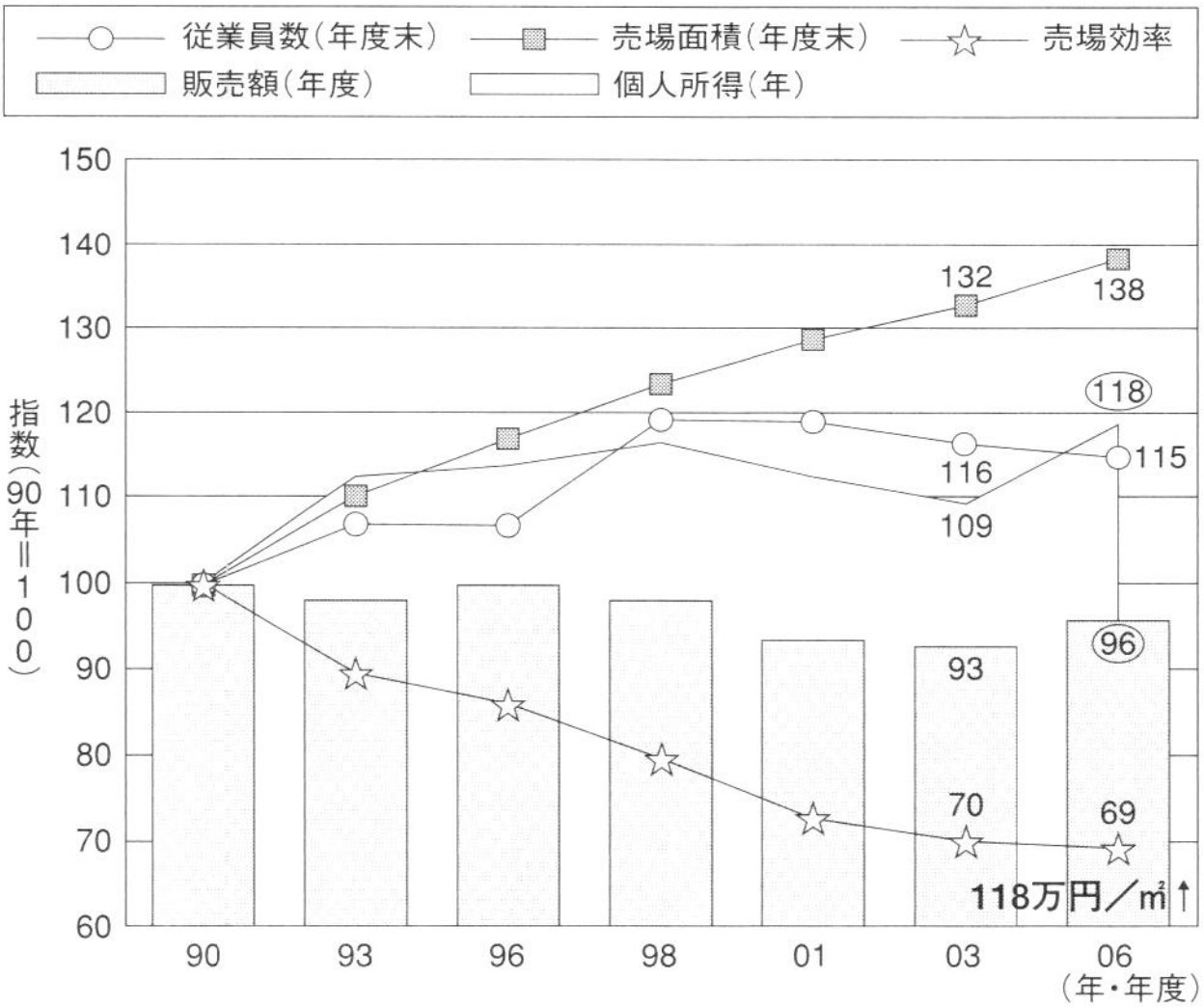

［資料］［注］図7に同じ

格差の拡大」の証拠でなくて何でしょうか。

でもいくら個人所得が増えていたとしても、消費がそれに連動して拡大していなくては、一部の富裕層の預金通帳にゼロが増えるだけで、一般の勤労者にはおこぼれは回ってきません。そこで首都圏の小売販売額を見ると、〇三―〇六年度の間に確かに一・二兆円増えている。とはいってもこれは、個人所得増加の四分の一にすぎません。しかもこの数字は、お話しした通り東京本社の通販会社の売上全額とガソリンを含んでいます。この間に小売店舗の従業者数の減少が止まっていないということとは、それを除いた普通の小売店舗は、売上が増えていないためにコストダウンを強いられている状況を示唆します。

つまり青森県のみならず首都圏でも、一般の勤労者世帯はまったく、自分が「格差の勝ち組」であるというような実感は得ていません。これは首都圏にお住まいの皆さん、胸に手を当てて見れば、あるいは周囲を見回してみれば納得できることですよね。後でお話ししますが、日本には個人所得が消費に回らない構造があり、そのために首都圏ですら日本の内需を牽引《けんいん》できていないのです。

それなのに首都圏では、九〇年度末―〇六年度末の一六年間に、小売店の売場が四割も増えてしまいました。この間に売上は四%減ですので、売場効率は三割も低下、〇六年度は九〇年度の七割の水準です。これまた青森県の八割以上にひどい数字ではありませんか。これはつまり、「同じ面積の売場を持つお店であれば、首都圏の方が青森県以上に売上が落ちている」ということです。しかも首都圏のこの売上は通販で大幅に底上げされていますから、実売店舗の効率低下はもっと厳しいわけです。そこへもってきて首都圏は地価が高いので、ますます商売が難しくなっています。

とは申しましても、一口に首都圏といっても、その中でも都心一極集中が進んでいます。都心の二三区だけ取り出せば、やっぱり青森なんて歯牙《しが》にもかけないのではないですかね。

そこで埼玉や千葉、多摩《たま》などの郊外は除外して、都心二三区だけ取り出して同じグラフをつくりました。青森県と東京二三区、先ほどの数字の比較ではどっちが優秀だと思いますか。

「東京都心部は元気」という大ウソ

そうなんです、都心は首都圏平均よりもさらに厳しい状況なのです。九〇年度を一〇〇とした〇六年度の小売販売額の水準が、青森は九八、首都圏一都三県は九六、そして都心二三区は九〇ですから、青森県の方がずっとましということになります。

伊勢丹《いせたん》と三越《みつこし》の経営統合の背景にも、こういう都心商業の苦境があります。あるいは東京メトロの副都心線はいかがでしょう。世界同時不況の前の開業ですが、渋谷《しぶや》でも新宿の伊勢丹周辺でも、増床や改装などは目立ちませんでした。東武東上線《とうぶとうじょう》や西武池袋線《せいぶいけぶくろ》沿線から乗り換えなしで来られるようになったわけで、ポテンシャルは上がったはずなのに。

ですがそれも当然、この都心二三区の数字は、投資意欲の湧くような数字ではありません。これだけ商業床面積は増えているのに、全然売上が反応していないわけですから。しかも、九八―〇六年に都心住民の個人所得が二兆円も増えているのに、都心の小売販売額は七五四億円減っているのです。日本の通販会社の本社の多くは二三区内にあるわけですが、それを入れてもこの状態ということですから、事態は悲劇的です。ちなみに長崎県佐世保市や千葉市ですと、ジャパネットたかたやイオンの通販部門のおかげで、ずいぶんと市全体の売上は増えたという数字になっているのですが。つまり東京は、楽しく時間を過ごしに来る人を全国から集めるのには成功しているけれども、その人たちの消費を喚起できていないということなのです。

さらに嫌な数字をご指摘しましょう。二三区の売上を売場面積で割ってみると、一㎡当たりの年間売上は一六九万円となります。分子には通販の売上も入っているので、その分底上げされた数字です。ちなみにこの水準は、商業のプロの人から見ると低く見えますが、ガソリンだの何だの全部入っているために全体が下がっているとご理解ください。青森県はいくらだったか覚えていらっしゃいますか。白神《しらかみ》山地に八甲田《はっこうだ》に恐山《おそれざん》まで入れた青森県の数字ですから、都心とはさぞ大きな差がついていそうですが、実際には七五万円と、二倍ちょっとしか商業施設の床効率が違わないのです。それでは地価の違いはどうでしょうか。少なくとも二倍で済むはずがありません。

皆さん地域間格差とおっしゃいますが、青森県よりもはるかに地価が高い東京の都心部において、青森県の二倍ちょっとの床効率しか挙がらないのでは、東京都心で土地を買って商業施設を新設するのは極めて難しいということになります。むしろこれでは逆格差と言ってもいい。実際にも、東京都心で土地を新たに買って大規模商業開発をしている事例はもう存

図9　小売指標と個人所得—東京23区

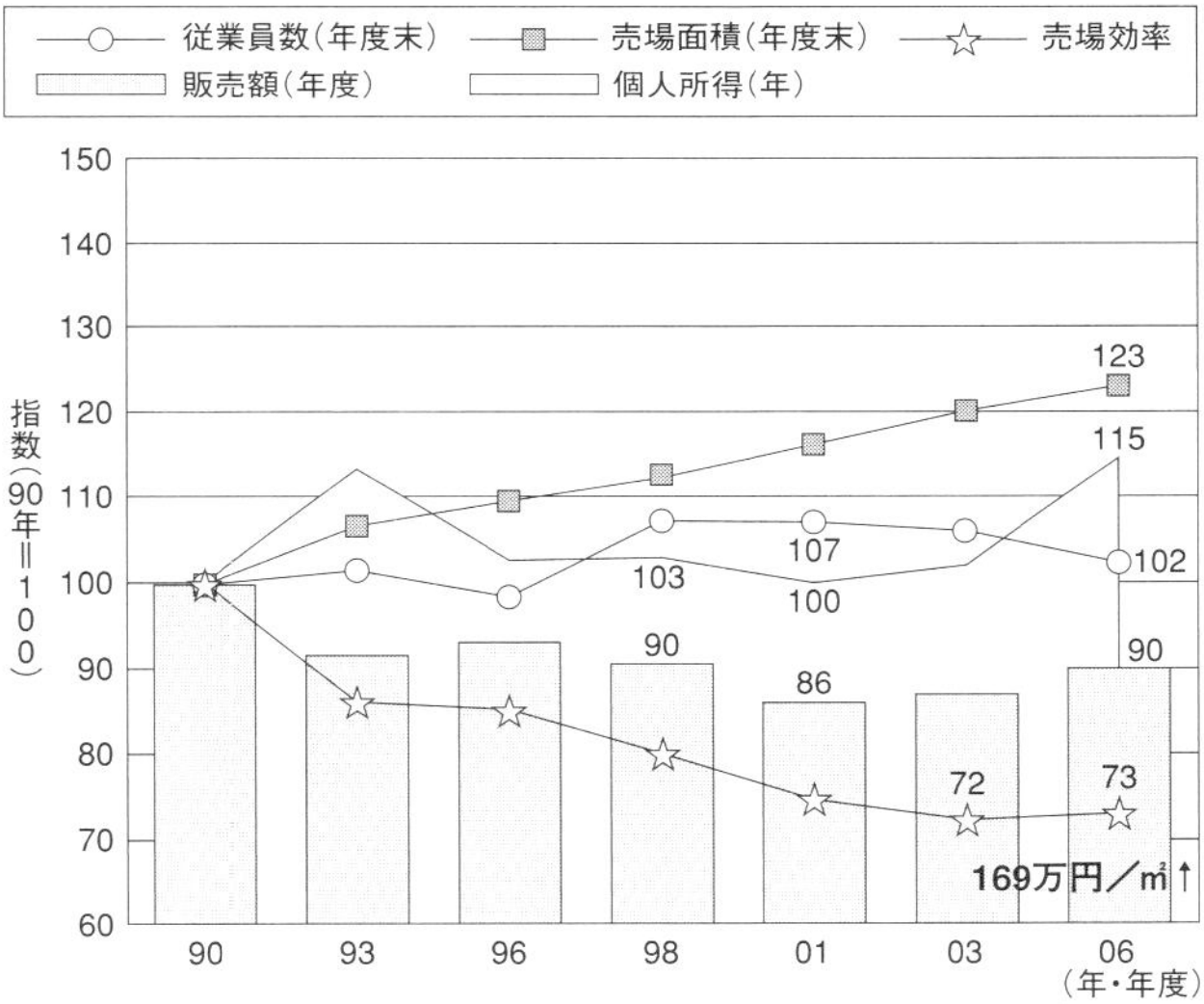

［資料］［注］図7に同じ

在しません。有名事例はみな、エキナカのようにもともと持っている土地の活用か、お台場のように定期借地か、六本木ミッドタウンのようにREIT（不動産投資信託）にして転売されているか、いずれかです。

そうなのです。全商業施設に聞いたデータから出した床効率というような確固たる数字と、現場での現実は必ず一致するのです。数字も現場の実態も、世の中の「空気」とは一致しないので、事実のほうが無視されてしまうのが通常ですが、事実はやはり事実なのです。

それでは〇六年あたりは輸出景気に沸いていた名古屋はどうでしょう

か。

名古屋でも不振を極めるモノ消費

お見せするのは、愛知全県の全数調査の結果です。名古屋市だけでなく、豊田だの刈谷だの、自動車産業の中心である三河地域も入っております。九〇年度を一〇〇とした〇六年度の小売販売額は、青森県が九八なのに対して愛知県は一〇二と、少しだけましです。東京都心の九〇よりはかなり良いですね。でも、所詮《しょせん》は横ばいです。九〇年を一〇〇とした〇六年の個人所得は、青森県が一二四なのに対して愛知県は一二八ですから、これまた少しだけ愛知県の方がいいですが、まあ大同小異です。

この比較方法で東京の数字が悪くなるのには、バブル期の発射台が高いという理由もありましたが、愛知県は青森県と同じで大したバブルは経験しませんでした。つまり九〇年あたりの発射台が高いとは言えません。それなのに世界的なモノづくり拠点の愛知県と、日本有数に工場集積の少ない青森県が、この間までの「戦後最長の好景気」の最中にも似たようなパフォーマンスだったというのは、とんでもないことです。でも確かに、愛知県がそんなに元気であれば日本車も国内でもう少し売れているでしょう。名古屋で磐石《ばんじゃく》のブランドを誇る松坂屋の大丸との経営統合もなかったはずです。

図10　小売指標と個人所得―愛知県

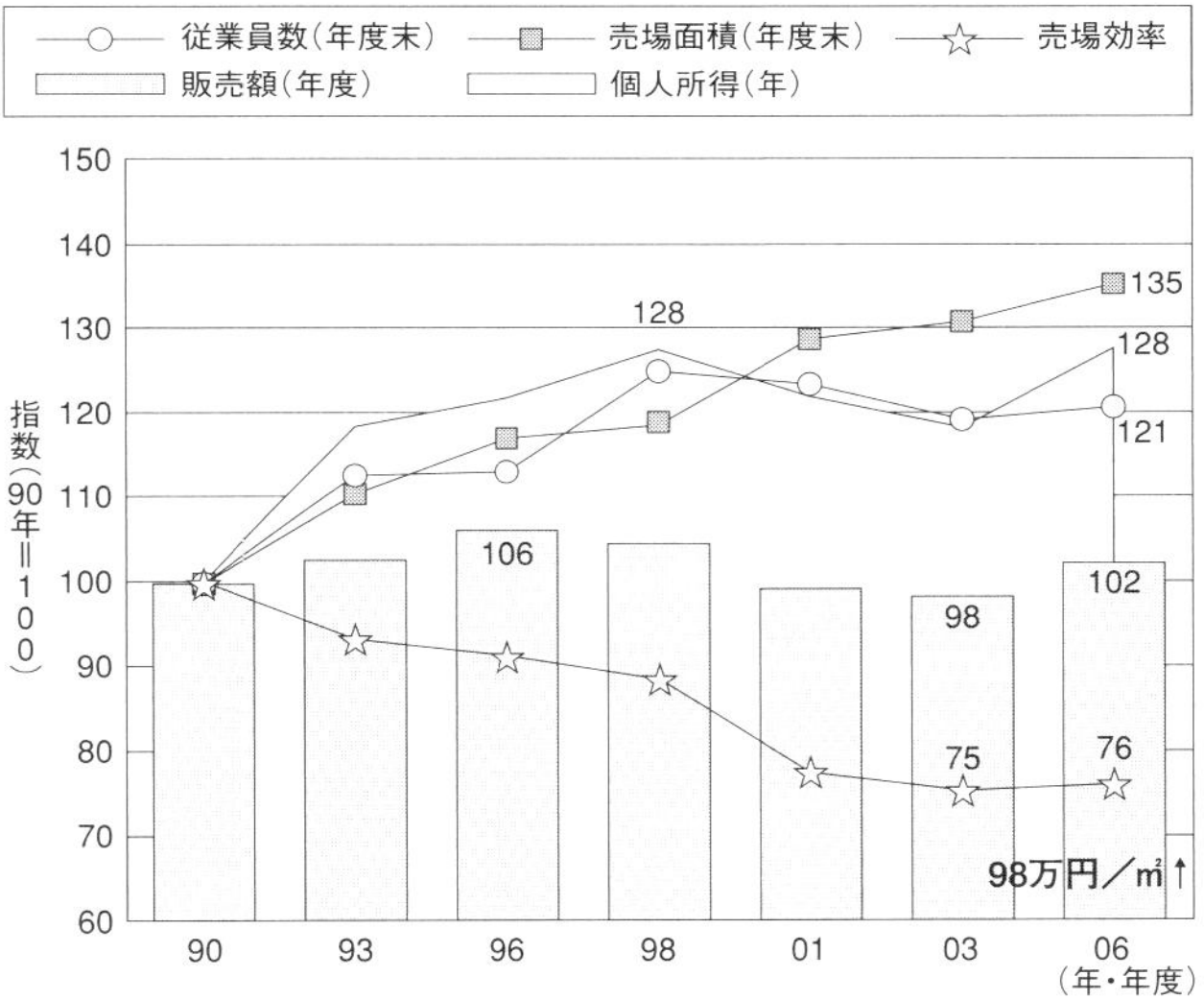

［資料］［注］図7に同じ

もちろんよく見ますと、さすがに愛知県では、輸出産業が大好調だった〇三―〇六年に大きく個人所得が増えました。小売販売額も、個人所得増加の三分の一ではありますが増えています。若干とはいえ、東京よりは資産効果があったわけです。これに対して青森県では、最近は所得も売上も減る一方。これこそ大変な「地域間格差」、ということになるのでしょうかね。

ですが九〇年代以降という長期的な視点で見ますと、青森県民の置かれた状況がそこまで悪いわけではありません。なにぶん、東京がバブル崩壊で騒いでいた九〇年代前半に、名古屋にももちろんなかったレベルの著しい個人所得の増加を経験したのですから。その貯金のおかげで未《いま》だに、九〇年をベースにすれば、所得も消費も愛知県と大同小異、首都圏よりは少々ましな推移を示しているわけです。愛知県の個人所得や小売販売額が最近少々増えたといっても、ようやく青森県と逆転したという程度なのです。

数字だけを振り回しているわけではありません。人口規模の似ている豊田の駅前と青森の駅前と、両方で飲んでみてください。あるいは八戸と尾張一宮の郊外型ショッピングセンターを比べてみてください。少しでも現場を踏めば、「青森も愛知も似たようなものだ、いや青森のほうがまだしも街に人の気配があるし活気もある」ということに気づくことでしょう。

そうこうしているうちに、愛知県も世界同時不況の荒波に飲み込まれてしまいました。世の中が突然に「愛知はダメだ」という「空気」になったので、今度は「愛知県は厳しい」と言っても誰も驚かない。これはまた困るんです。不況だというけれど、愛知県は石油ショック後の繊維不況だの円高不況だの、何度も深刻な事態を克服して来た県です。彼らのモノづくり技術は、まじめな県民性は、ちょっとやそっとで揺らぐものではない。私は愛知県の製造業が近い将来にまた隆盛に戻ることをまったく疑っていません。

問題はそうではなく、愛知県の輸出産業が主導した「戦後最長の好景気」の下でも、愛知県では個人所得の増加分の三分の一くらいしかモノ消費の増加に回らなかった、そういう疑いようのない事実の方にあるのです。なぜそうなったのか。まず事実を直視し、そして原因を突き止めなければ、次の「好景気」の時にも同じことが繰り返されるでしょう。

地域間格差に逆行する関西の凋落と沖縄の成長

そうだとすると、「バブルの発射台は高かったし、しかも〇二―〇七年の輸出景気の恩恵も余りこうむっていないところ」、つまり関西はどうなっているのでしょうか。

その関西二府四県（大阪、京都、兵庫、滋賀、奈良、和歌山）の数字ですが、これは本当に厳しいです。個別に見れば滋賀県などは元気がいいのですが、なにぶん大阪府のパフォーマンスが低すぎます。九〇年度を一〇〇とした〇六年度の小売販売額は、青森県が九八なのに対して関西は九〇と、首都圏や愛知県よりもずっと厳しい水準ですし、九〇年を一〇〇とした〇六年の個人所得も、青森県が一二四なのに対して関西は一一〇を切っています。つまりバブル崩壊以降ずっとジリ貧続きなのです。

そうはいっても、〇三―〇六年にはちょっとだけ個人所得が増えました。でも残念なことに、この間の所得増一・三七兆円に対し、小売店の売上増は四〇〇億円程度。それもあり、関西の商業施設の〇六年度の床効率は、九〇年度の三分の二にまで下がっています。だからこそ、阪急と阪神の経営統合のような、関西人の常識からすればとんでもないことが実現してしまったわけです。

「都市と地方の格差」と言っている人にお聞きしたい。あなたの言う「都市」ってどこのことですか？　そもそも「地方」にも福岡とか元気な「都市」はあったわけで、「都市」と「地方」を対立概念にしている時点で言葉の選択を間違っていますが（本当はせめて「大都市圏」と「地方圏」と言うべきでしょう）、それはともかく大阪は、あなたの言う「都市」なのか「地方」なのか。人口一七〇〇万人の京阪神地区、G８で三番目の巨大都市地域を「地方」だと言うのですか。ちなみに一番が人口三千万人以上の首都圏、二番目が一九〇〇万人程度のニューヨークですが。

でもその大阪の個人所得やモノ消費の動向は、実はどの田舎の都道府県よりも苦しい推移をたどっているのです。〇五年に個人所得の低下率が四七都道府県で一番大きかったのも大阪府でした。「いやあ、大阪は大都市の中の例外だよ」と言う人は、何を根拠にそう片付けるのでしょう。「何が原則で何が例外なのか」、どの程度までが「例外だ」で片付けていい範囲なのか、ということを日頃から詰めて考えておらず、先入観に反する事例を勝手に例外と決めつけているだけではないですか？

そもそもこのグラフを全都道府県について作れば、何が原則か例外なく見えてくるわけです。その場合にバブルを基点として一番元気を失っていない都道府県はどこだと思いますか。

図11　小売指標と個人所得—関西圏

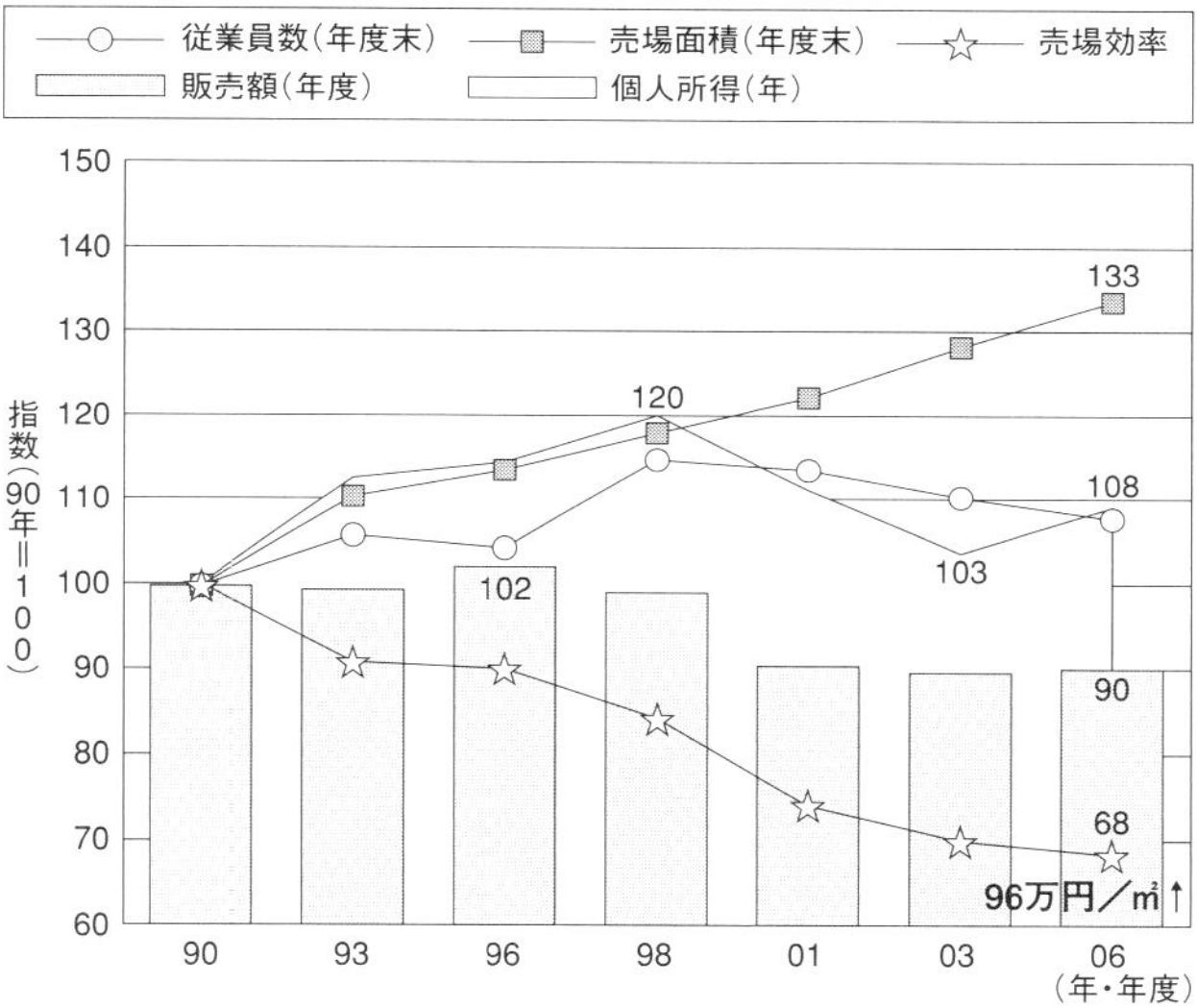

［資料］［注］図7に同じ

ちなみに上から五番目ぐらいにまともなのが愛知県です。横ばい程度でもベスト5には入るわけですね。でも、一番優秀な県は横ばいではありません。はっきり成長しています。もう、おわかりですね。

　ごらんください。九〇年（度）を基準にすれば、〇六年（度）の沖縄は、個人所得が一・四四倍、小売販売額が一・二三倍、所得の上昇に売上の上昇がついてきています。マクロ経済学のお好きな方々はご安心ください。えっ、失業率が高く有効求人倍率の低い沖縄の経済が成長しているはずはない？　でも全員に聞いた個人所得と、全商店に聞いた売上がこんなに増えているのですから、これは経済成長以外の何物でもありません。沖縄の個人所得は低いだろうって？　それは一人当たり水準の話で、この通り所得の総額が伸びていることには何ら変わりはありませんよ。

そもそも沖縄は、就業者数（率ではなくて絶対数）が、日本の都道府県で唯一順調に増加を続けてきた県なのです。だから個人所得が増え、モノも売れる。経済の当たり前の姿が、沖縄だけにあるわけです。それに対し首都圏では、実は就業者数は増えていません。個人所得が増えたといっても高齢富裕層の不労所得が中心で、従ってそれが消費に回らない。名古屋圏も首都圏と同じで、関西圏でははっきり就業者数の減少が進んでいます。

沖縄では、失業率が高くて有効求人倍率がとても低いのにもかかわらず、就業者数が増えている？　若者が流れ込んでいる首都圏や名古屋圏では逆に就業者数が増えていない？　私が何を言っているのかご理解いただけない方もいらっしゃいましょう。ですが、総務省の国勢調査のホームページには誰でもアクセスできますので、数字の確認は簡単です。

確かに日本では、マスコミもシンクタンクも、場合によっては学者までもが、有効求人倍率や失業率という数字ばかりを使い、就業者数の増減をチェックしていません。理由は「学校でそう教わった」「日本では皆がそれを使っている」という以外に考えられないわけですが、それではなぜ米国経済の基本指標には「非農業部門の雇用者数の増減」が使われている

図12　小売指標と個人所得—沖縄県

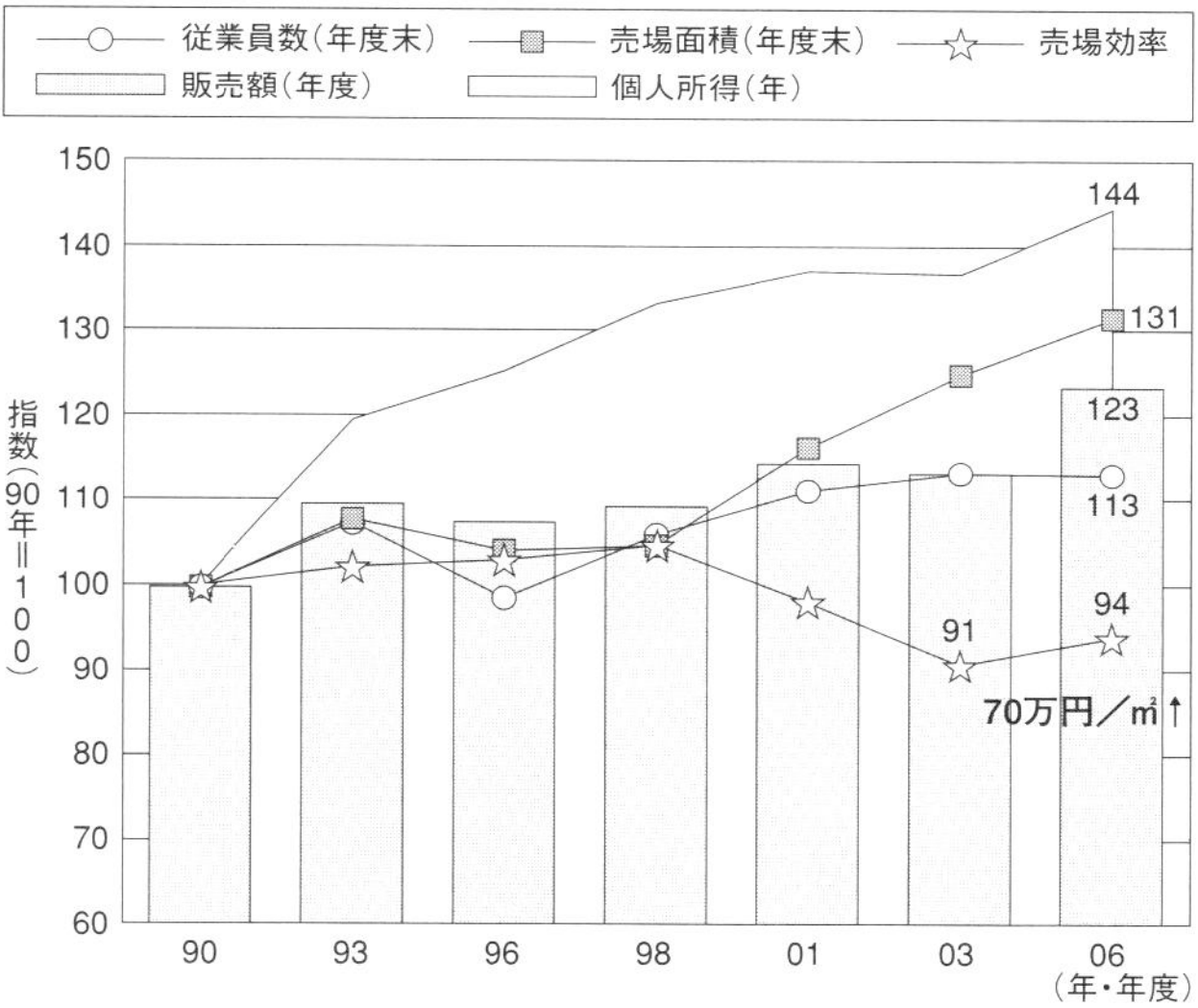

［資料］［注］図7に同じ

のか（なぜ失業率がメインとして使われないのか）、なぜ「有効求人倍率」が使われていないのか、彼らは考えたことはないのでしょうか。

それは第一に地域経済を左右するのは何と言っても雇用の増減（就業者数の増減）であり、第二に失業率だの有効求人倍率だのは定義上も現実にも必ずしも雇用の増減とは連動しないものだからです。ここでは第一の点だけでもご納得いただきたいところです。パンダが増えているか減っているかを調べたかったら、いちいちパンダの落とした毛とか巣穴とかを数えるのではなく、パンダの数そのものを数えるべきですね。同じように、地域の雇用が増えているか減っているかを見たかったら、何よりも働いている人（＝就業者）が増えているのか減っているのかを見るのが正解なのです。

地域間格差ではなく日本中が内需不振

青森、首都圏、愛知、関西、沖縄と見てきましたが、ここらで全都道府県を比較してしまいましょう。縦軸に小売販売額の増減率、横軸に個人所得の増減率をとって、各県をプロットしてみます。

この二つの指標でみると、九〇年からの日本は三つの時期にきれいに分かれます。最初は九〇―九六年（度）、バブル崩壊とか言いながら、実はまだ個人所得も売上も増えていた時期ですね。それから、九八―〇三年（度）、その大半の期間は全国が本当に不況になった時期、いわゆる平成不況です。最後に〇三―〇六年（度）、逆に輸出主導で好景気になった時期です。地域間格差と言っていますが、この三つの時期の違いの方が、都道府県の間の違いよりも大きいのです。なお九六―九八年（度）は好景気から不況に転じる過渡期ですので、わかりやすさを重視して除いています。

まず□が、バブル崩壊で不況だ不況だ、と言っていた九〇―九六年（度）です。ところがあにはからんや、日本のほとんどの道県で個人所得が大きく伸びている。地価バブルの崩壊

図13　小売販売額と個人所得—全都道府県比較

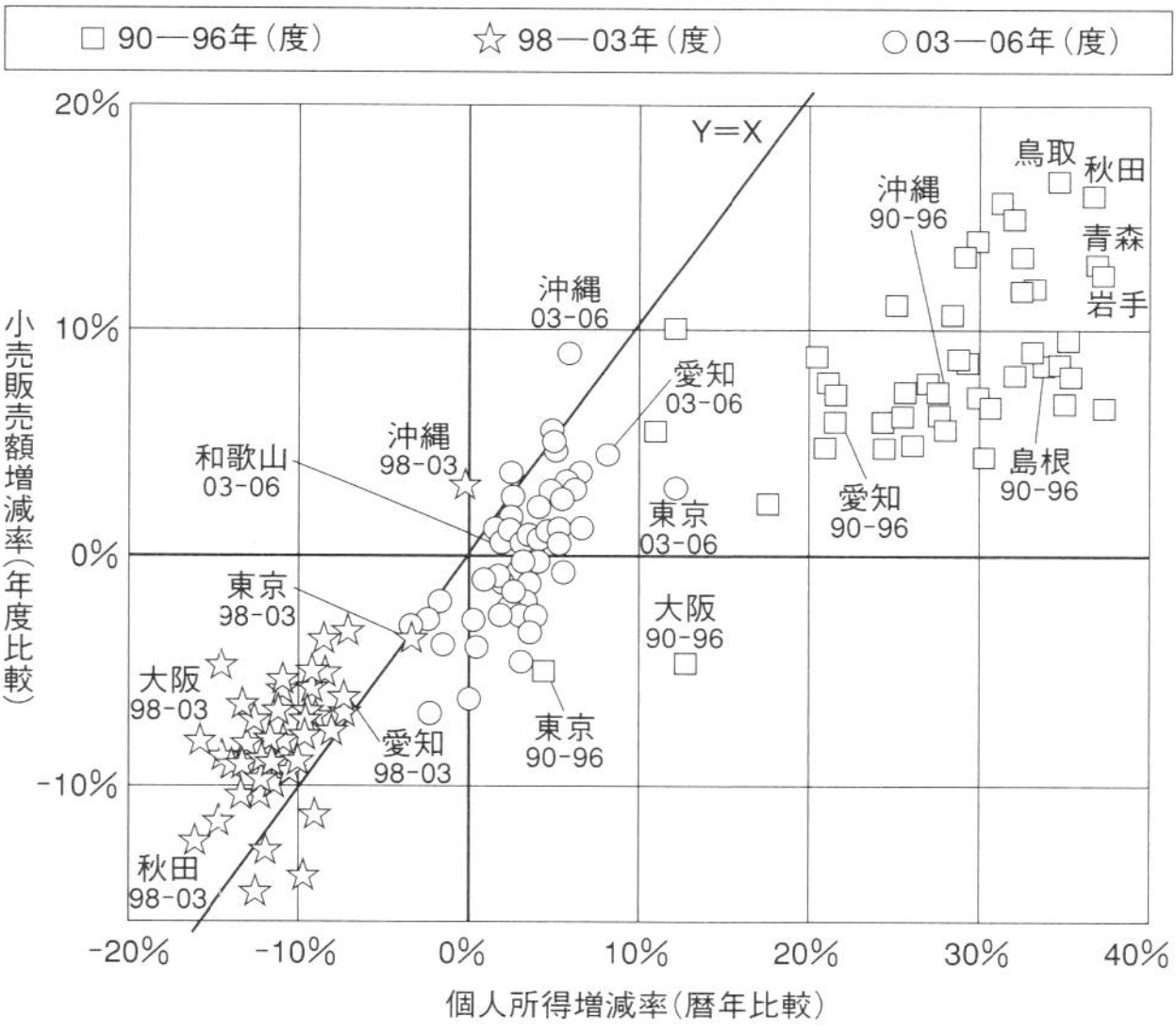

［資料］［注］図7に同じ

で苦しみ始めた東京と大阪だけが低迷していて全国平均を下げていますが、それでもこの六年間で全国で二割は個人所得が増えています。地方に行けば四割も所得が増えた県もある。これだけ所得が増えれば当然モノも売れなければ困るわけですが、実際に小売販売額が全国平均で五%、マイナスだった東京と大阪を除くと一割も増えているではないですか。中でも右上の方で特に勢いのいいのがなんと青森に秋田に岩手に鳥取でした。これは当時の公共投資も相当効いているのでしょうが、それだけでここまで行くということはありえません。公共投資だけが要因なら、島根や沖縄ももっと右上にいなくては。ちなみに愛知は地価バブルが余りなかったので、他の地方の県と同じようなところにいますね。

さてところが二一世紀の少し前から大変な不況が襲います。九八―〇三年（度）では、ほぼ全国が左下の象限に転落しました。九九年は小渕《おぶち》内閣のいわゆる「バラマキ」的公共投資のピークでしたが、その時期を含んでいるにもかかわらず日本中で所得が下がり、小売販売額が低下しています。東京ももちろん低迷し、ほとんど減っていないのは沖縄だけでした。ちょっと前まで右上の先端にいた秋田県が、今度は左下の隅です。そこでこの頃から「地域間格差が生じている」と騒がれ始めたのですけれども、実はそのほんの少し前まで地方がこんなに好調で、東京、大阪だけが不調だったとは、誰も指摘しなかった。誰も「バブル崩壊後の失われた一〇年」の最中に地方で所得や消費が伸びていたことに気づいていなかったのです。

そして輸出景気となった〇三―〇六年（度）です。この時期の都道府県を二分法で語るのであれば、世間の好きな「都市と地方」ではなく、当たり前といえば当たり前なのですが輸出産業の有無で見る方が生産的です。日本地理に余り詳しくない人もいましょうが、輸出産業、すなわちハイテク製造業は地方でもあるところにはありますし、大都市地域でも関西は相対的に集積が弱いのです。ですがそうした二分法でも片付けられないのが沖縄で、こんなに右上にいます。逆に製鉄や化学の成長で〇五年度の「県民所得」の伸びが日本一だった和歌山なんかは、ずいぶんと左下にある。輸出産業の有無とは別の要素、産業とは関係ない何かが大きく影響しているのです。

さらにいえば、この時期には、個人所得が増えている都府県でも小売販売額は大して増えていません。沖縄などの一部を除けば皆さん直線Y＝Xの右下にいる状態です。特にひどいのが、東京ですね。

以上を一枚にまとめると、問題は「地域間格差」でも「景気」でもない何かだということがさらにはっきりしてきます。「バブル崩壊後の失われた一〇年」に属する九〇―九六年（度）が□ですが、東京・大阪を除く全道府県がぐっと右上に突き出している。「戦後最長の好景気」の真っ最中だったはずの〇三―〇六年（度）は〇ですけれども、その時期よりも九〇―九六年（度）の方が断然小売販売額も個人所得も伸びていたわけです。ちなみに大半が平成不況の九八―〇三年（度）が☆ですが、この頃は沖縄以外はおしなべて不景気だったことがわかります。日本中の県がこれだけきれいに一緒に動いているわけで、つまり、地域間格差よりも、それぞれの時期に特有の要因（それは何なのかもうすぐお話ししますが、いわゆる「景気」だけではないことは九〇―九六年（度）を見れば明らかです）の方が影響が大きいということがわかります。

それにしても、「東京と地方の格差は拡大の一途だ」という世間の通念とこの数字は一致しません。そういう通念はいったいどこから出てきたのでしょうか。□と☆を比べるとわかります。□の頃には右上にまとまっていた地方の道県が、☆の時期にはまとめて左下に転落していますね。よくみると東京も少しだけ左下にずれたのですが、その頭上を飛び越えて地方が転落して行った。地方が頭の上を飛び越えてこれだけ転落したために、相対的に東京は伸びているという錯覚が生じてしまったわけです。落ちるスピードの違いを捉《とら》えて「格差は確かにある」とお感じの方、これはやっぱり「五十歩百歩」ですよ。

実際問題、東京がいくら「俺は国内ではましな方だ」と威張っても、世界の他地域から見れば日本中で経済が「衰退」している状況ではないでしょうか。国内では「地方経済はどん底だ、地方への不動産投資はまったく儲《もう》からない」という言い方が通用していますが、海外から見れば「東京への不動産投資だって全然儲からない」ということなのです。

ご納得いただけたかどうか。「こいつは片隅の事実を誇張して自説を強引に正当化している」と決めつける前に、同じ数字をネットで確認いただいて、世間の「空気」を離れてぜひじっくりお考えいただきたいと思います。

第5講　地方も大都市も等しく襲う「現役世代の減少」と「高齢者の激増」

日本を蝕《むしば》む「内需不振」という病気。犯人は国際競争でも「地域間格差」でもありません。ようやくこれから、その本当の原因についてお示しして行きます。ここから先が最も世間の「空気」に反するところです。とはいえ、決して経済理論そのものに反したことを語るわけではありません。その点はもう少し先で経済学好き向けのご説明をしますが、まずはここで、あなたの知らない日本の「事実」におつきあいください。

苦しむ地方圏を襲う「二千年に一度」の現役世代減少

先ほど「苦しむ地方」の代表例として取り上げた青森県ですが（青森県関係者の方々、申し訳ございません）、バブル崩壊期の九〇年代前半には増えていた個人所得と小売販売額が、「戦後最長の好景気」となった時期、すなわち今世紀に入るあたりからみるみる落ち始めたということをご説明しました。なぜなのでしょう。九〇年代前半と〇〇年代前半、一〇年しか離れていないのですが、この間に何か大きな構造変化が起きていたのでしょうか。

起きていたのです。国勢調査結果を見ますと、九〇―九五年には県内の就業者数は一万八千人も増えていたのですが（三％増）、〇〇―〇五年になると一転して四万四千人も減っている（六％減）。この就業者数の正反対の動きが、個人所得と小売販売額の増減の背景にあるのです。

九四年あたりは「就職氷河期」と言われていた時期ですので、その頃に就業者数が増えていたという事実を受け入れられない方もいらっしゃいましょう。確かに青森県でも、九〇―九五年に失業者数は五千人以上増えていましたからね。でも失業者の増加をはるかに上回る勢いで就業者数が増加していたのですから、九〇年代前半の青森県で個人所得の増加、モノ消費の増加が起きていた理由はこれで明確になったわけです。逆に〇〇―〇五年は失業者数が二万一千人も増えましたので、これがこの時期の個人所得とモノ消費の減少の主要因だとお考えになる方もいらっしゃいましょうが、失業者数の二万一千人増というのは、就業者数の四万四千人減の半分にも満たない水準です。つまり〇〇―〇五年の就業者減の半分以上は、失業とは無関係に生じた減少なのです。この一連の青森県の国勢調査結果から言えることは何か。青森県では景気だの失業だのとは別の要因で、就業者の大きな増減が生じ、それが個人所得とモノ消費の増減をもたらしたということです。

その別の要因とは何でしょう。人口変動です。それも総人口ではなく、生産年齢人口の変動です。生産年齢人口というのは経済学的に定義された「現役世代」の数でして、一五―六四歳人口が該当します。そもそも現代地球経済の問題は生産能力不足・労働力不足ではなく、需要不足・消費者不足なので、本当は「消費年齢人口」と呼ぶ方がいいと思うのですが、生産の方がボトルネックだった過去からの惰性で、皆さんこういう呼び方をしています。それにしても一〇代後半は本当は働いていない人が多いと思うし、六〇歳を過ぎると働いてはいても収入がぐっと落ちる人が多いので、一五―六四歳というのは広げすぎだとも思うのですが、余計な議論を招かないためにもとりあえず政府と学界公認のこの数字を使っておきます。

青森県の人口は、〇〇年から〇五年の五年間に三万九千人も減ってしまいました。というのも、この間に県を出ていってしまった人が入ってきた人よりも三万人多く（つまり三万人の流出超過です）、さらに亡くなった人が生まれた赤ちゃんよりも九千人多かったのです。いわゆる人口社会減、自然減のダブルパンチです。総人口はそういうことなのですが、それではその中から一五―六四歳だけ取り出すとどのような動きになっているのでしょうか。三万人の流出超過の多くは新規学卒者、つまり若者でしょうから、生産年齢人口はやっぱり三万人ぐらい減っているのでしょうか。

違うんです。青森県の生産年齢人口は、なんと〇〇―〇五年の間に五万四千人も減っているんです。総人口減少の一・四倍、人口流出超過三万人の一・八倍ですね。つまり若者が出て行ったというだけでは、減少の半分ちょっとまでしか説明できません。ですがこの生産年齢人口五万四千人減という数字は、同じ期間の就業者数四万四千人減という数字とよく符合します。そもそも就業者の中核を成す現役世代の数が減っている以上、就業者数全体も減らざるを得ないわけです。

もちろん就業者数四万四千人減を、三万人の人口の県外流出と失業者の二万一千人増加で説明しようとする人もいるでしょう。ですがその理屈では、生産年齢人口五万四千人減のうち二万四千人分、つまり人口の県外流出三万人では説明できない部分は、「生産年齢人口の減少ではあるのだけれども就業者の減少には影響を与えていない」という理屈になりますね。そんなことってあるのでしょうか。

逆に九〇―九五年には県の人口は一千人少々、生産年齢人口は九千人少々の減少で済んでいました。その中で失業者数が五千人、就業者数が一万八千人増えたというのは逆方向ではありますが、外枠である人口の減少がその程度だったので、逆に就業者数には増える余地もあったわけですね。実際この時期、二〇一二四歳人口だけを取り出しますと九千人以上の増加が起きていました。この学卒期の若者の増加が、就業者数増加の背景にあったのです。

それはともかく〇〇一〇五年には、生産年齢人口が毎年一万人以上減った計算です。万が一このペースが続くと、青森県内に〇五年時に九一万人程度しかいなかった生産年齢人口は、わずか九〇年後にはゼロになってしまいます。年間一％を超えるものすごいペースの減少です。ここは非常に大事なところです。子供と高齢者も加えた総人口の減少よりも、現役世代に絞った生産年齢人口の減少の方がよほど急であるというこの最近の現実は、ほとんどの人が想定していなかった大問題なのです。出生が死亡よりも減ってしまったただの、都会に若者を取られたただの、そういうレベルをはるかに上回るペースで現役世代人口の減少が起きている。そこのところを直視して原因を考えないと、話は先に進みません。

ところで総人口が三万九千人しか減っていないのに生産年齢人口が五万四千人も減っているということは、誰かがその分増えていないと帳尻《ちょうじり》が合わないですね。子供と老人、どっちが増えているのでしょうか。〇一一四歳が増えているわけがないということはなんとなくおわかりですよね。それにしても何と、子供だけで二万四千人も減っているのは驚きです。このペースでいくと、四十数年で青森から子供はいなくなります。九〇年後には現役もいなくなる。では誰が残るのか。

もちろん六五歳以上です。なにぶん、〇〇—〇五年に三万九千人も増えている。青森県当局の立場からいうと、納税者がどんどん減って、福祉・医療のお世話になる可能性の高い世代だけが増えているわけですから、財政は厳しくなるに決まっています。それだけではない、青森県内で今世紀に入る頃からモノの売上が年々落ちているのは当然です。働いてモノを買う年齢の人が年々減少し始めたのですから。勤労者の頭数が減るので個人所得も減らざるを得ませんね。

このように青森県の経済の問題は、単に景気循環に伴う失業者の増減や、若者の流出だけで説明できるものではありません。今世紀になっての不振の背後には失業者の増加ペースや若者の流出ペースを大きく上回る就業者数の減少があり、その背景には総人口減少のペースを大きく上回る生産年齢人口の減少がある。同時に高齢者の激増も進行している。この事実を踏まえてこそ、日本で何が起きているのか、本当のところがわかってくるのです。

ちなみにここでお示しした、「生産年齢人口減少」と「高齢者激増」の同時進行を、「少子高齢化」というズレた言葉で表現する習慣が、全国に蔓延《まんえん》しています。ですが「少子高齢化」というのは、少子化＝子供の減少と、高齢化＝高齢者の激増という、全然独立の事象を一緒くたにしているとんでもない表現であり、「子供さえ増やせば高齢化は防げる」というまったくの誤解の元凶にもなってしまっています。さらには最も重大な問題である「生産年齢人口減少」を隠してしまってもいますね。従って私は「少子高齢化」という言葉は絶対に使わないようにしていますし、この語を口にする「識者」やこの語が書かれた論説は、事柄の全体像がよくわかっていない人（が書いたもの）ということで信用しません。

人口が流入する首都圏でも進む「現役世代の減少」

さて、総人口と生産年齢人口のこの関係がわかれば、表面的な規則性を理解するだけでも、首都圏で何が起きているか正解できるはずです。さあ挑戦してみましょう。

首都圏一都三県、すなわち東京、千葉、神奈川、埼玉では、〇〇―〇五年の間に一〇六万人も人口が増えています。しかもこの内訳としては、引っ越して入って来た人が出て行った人より六七万人も多い。この流入超過六七万人の多くは、地方から上京した若者だと思われます。加えて生まれた人が死んだ人よりも三九万人多いわけで、合計が一〇六万人です。和歌山県一県分、岩槻《いわつき》市合併前のさいたま市一市分、人口が増えたのです。五年間で、首都圏のどこかにさいたま市一市分の家が建ち、それだけ車が売れ、家電製品も売れて、食品も売れているということです。でも実際には、そんな感じはしませんね。

この一〇六万人の増加というのは、一五―六四歳、〇―一四歳、六五歳以上のどれが増えたのでしょうか。考えてみて下さい。

前置きが長くなって申し訳ないのですが、もう一点だけ注釈です。首都圏では国勢調査にきちんと答えない不逞《ふてい》の輩《やから》が急増していまして、一〇六万人の人口増加のうち一五万人は年齢不詳者の増加です。この年齢不詳者というのは、確かに首都圏に住んでいるのだけれども住民票も田舎に置いたままで、年齢の照合ができない人たちです。住民票も移していないのですから納税もしていないわけですが、そういう連中の多くは若者であろうと見て、ここでは彼らも全員一五—六四歳とみなすことにします。実際の年齢不詳者には故郷から呼び寄せられた親御さんも少なからず含まれているという噂も聞くのですが、私は銀行員でもありますので、計算は堅めになる方向でやらせてください。

では、一五—六四歳（＋年齢不詳者）が増えていると思う方？

残念ですが実際は七万人の減少です。年齢不詳者の増加分を加えなければ二二万人の減少になります。ちなみにこの計算には、そもそも国勢調査に一切答えておらず年齢不詳者にすらカウントされていない人は入っていませんが、後で使う国立社会保障・人口問題研究所の推計値と予測値には、彼らの人数も推計されて加わっています。その数字を基に計算しますと、それでも五万人の減少。このように明確な生産年齢人口減少が、若者が流入する最中の、それも「戦後最長の好景気」の最中の首都圏で起きていたのです。

我々が余り深く考えずに信じ込んでいる「首都圏には人口が流入している以上、生産年齢人口も増えている」という仮定。「若者流入＝人口増加＝生産年齢人口増加」という定式が先入観になって、「首都圏の生産年齢人口が減っている」という極めて基本的な事実の確認を、我々は怠って来たわけです。これこそが数字を読まない「ＳＹ」です。確かに経済学は「人口は増加なのに生産年齢人口は減少」という事態を想定していませんが、でもそれが首都圏の現実だったのです。

とはいえ、首都圏では〇〇―〇五年の五年間に一〇六万人の人口増加があったというのは事実です。それでも生産年齢人口（＋年齢不詳者）が減っているというのであれば、お年寄りか子供か、誰か増えないと帳尻が合いません。では〇―一四歳が増えているのか。残念ながら六万人の減少です。東京都は日本一出生率の低い都道府県ですから。

となると、いったい誰が一〇六万人も増えたのか。

所得はあっても消費しない高齢者が首都圏で激増

首都圏一都三県では、〇〇―〇五年の五年間に、六五歳以上だけが一一八万人増えているんです。この間に全国で増えた六五歳以上の方三六七万人の三人に一人は首都圏民だったのです。

これは私の「自説」ではないですよ。耳慣れていらっしゃらないからでしょうか、よく

「ユニークな切り口」ですねとか言われるのですが、とんでもない。首都圏の生産年齢人口や高齢者人口は、日本経済を語る極めて基本的な指標でありまして、私のオリジナルの「切り口」でも何でもありません。これを「ユニーク」だとか「切り口」だというのであれば、諸外国では見たことも聞いたこともない「有効求人倍率」なんかの方がよほど「ユニーク」な「切り口」です。しかも生産年齢人口や高齢者人口は、総務省統計局のホームページで誰でも無料でアクセスできるとても簡単な数字なのに、これを誰も見ていない。だから私がさも偉そうに講演のネタにできる。

本来はそんなことがあってはならないのです。私が言おうと言うまいとこれは、客観的な、疑いようのない事実だ。行政関係者でも学識経験者でも、いやそれ以上に産業人であれば、日本や首都圏の生産年齢人口をチェックしていない方がおかしいのです。経済的に極めて重要な指標なのですから。でも実に驚くべきことに私の見聞の範囲では、これを自分で確認しておられる人にほとんど会ったことがない。そして、「地域間格差は拡大の一途だ」だの、「高齢化は地方を蝕む病だ」だの根拠のない「空気」だけが世の中に蔓延しています。なに寝言を言っているのか。高齢者の激増、子供の減少、現役世代の減少、いずれも首都圏の真ん真ん中で起きている、首都圏住民自身の問題なのです。

これは首都圏が少し前の過疎地と同じような人口動態に突入したということです。だから、三越と伊勢丹が統合する。車の売れ行きが落ちる。「識者」やマスコミはそれを「嗜好《しこう》の変化」だという。これだけ年齢構造が変われば、それは嗜好も変化しますよ。昔と今、同じように無作為抽出でアンケート調査をすれば、サンプルの中の現役世代が減って、高齢者が増えているわけで、「これから車を買います」「スーツを買います」という人が減っていて、「もうそろそろ車はいいです」「もうスーツは要りません」という人が増えているのは当然です。逆になぜ首都圏の病院がこうも混んでいるのか、なぜ救急車のたらい回しといった事件が首都圏で増えているのか、こうした現場の実態も、首都圏での高齢者の激増という数字と明確に一致します。現場の事実や数字と一致しないのは、「首都圏は若い」「地方はともかく若者が流入する首都圏は大丈夫だ」という「空気」だけです。

なぜ〇三―〇六年の首都圏では、個人所得の増加がモノ消費にそれほど回らなかったのか。正常な経済であれば起きるはずの「トリクルダウンエフェクト」が、輸出から企業収益を経て個人所得への移転という段階までは確かに認められたのに、なぜモノ消費に向かわずにそこで止まってしまったのか。これも同じ数字で説明できます。こういう現象は、著しく高齢化が進んでいる首都圏のような社会（もちろん地方はさらに先に行っていますが、世界の中で見れば大同小異です）の宿命なのです。

首都圏で起きているのは、「現役世代の減少」と「高齢者の激増」の同時進行です。そこでは、企業に蓄えられた利益が人件費増加には向かわない。現役世代減少に伴い従業員の総数が減少しているので――もう少しわかりやすく言えば定年退職者の数が新卒採用の若者の数を上回るので――少々のベースアップでは企業の人件費総額は増えません。となれば、企業収益から個人所得への直接の所得移転のチャンネルは、配当などの金融所得しかありません。事実、企業に多額の投資をできる富裕層は大きな利益を得たわけです。

が、不幸にして？その多くは高齢者だった。彼らは特に買いたいモノ、買わなければならないモノがない。逆に「何歳まで生きるかわからない、その間にどのような病気や身体障害に見舞われるかわからない」というリスクに備えて、「金融資産を保全しておかなければならない」というウォンツだけは甚大にある。実際、彼ら高齢者の貯蓄の多くはマクロ経済学上の貯蓄とは言えない。「将来の医療福祉関連支出の先買い」、すなわちコールオプション（デリバティブの一種）の購入なのです。先買い支出ですから、通常の貯金と違って流動性は〇%、もう他の消費には回りません。これが個人所得とモノ消費が切断された理由です。

ちなみにこの話をある経済専門家にしたら、「貯蓄は貯蓄。あなたのは素人の暴論」と笑われてしまいました。「貯蓄は貯蓄」というのは、経済学上の議論を容易にするために昔の人が立てた仮定の上での概念整理であって、その仮定が二一世紀の日本の現実とずれたからといって私が怒られる話ではないのですが。そもそもデリバティブという概念が普及していない昔につくられた経済学の枠組みを、現代社会においても墨守しているのはいかがなものか。江戸時代の大阪には、世界初の先物市場（米相場）があったそうですが、であればこそ日本の学者が誰か、デリバティブ購入をどこに組み入れるのか考えたマクロ理論を構築し直せばいいのに。実際、別の機会にアメリカの経済学者に同じことを言ったら、「お前の言った観点は別にヘンではなく、すでに誰かが論文（英文）に書いている」と言っていました。学問が「現実の解明」という任務を負う以上は、そうであるのが当然でしょう。

先走ってしまいました。そこらあたりを脇を固めながらお話しするのは後ほどにします。その前に生産年齢人口の減少と高齢者の増加について、青森県と首都圏だけでなく全国がどうなっているのか、客観的な数字を網羅的にお見せしましょう。

日本最大の現役減少地帯・大阪と高齢者増加地帯・首都圏

〇〇年から〇五年の間に、一五—六四歳の現役世代は、絶対数で何人くらい減っていて、六五歳以上の高齢者はどのくらい増えているのか。これが全都道府県を横並びにしたグラフです（一〇六—一〇七頁図14）。

実数で現役世代の減少が日本一なのは大阪府です。その次が北海道で、次が埼玉。それから兵庫、千葉と続きます。絶好調とされている愛知でも現役は減っていることに注目してください。実は私もここまでは予想していませんでした。当時の愛知県では工場の期間工が大きく増えていたので、いくらなんでも現役世代の総数は少しは増えていたのではないかと、勝手に楽観していたのです。でも現実にはそうなっていませんでした。

では現役が増えている都道府県はないのか。関西の中で工場の集中が起きている滋賀県が若干増えていますが、少なからぬ部分が外国人労働者や非正規労働者であると推測されます。でも同じように工場労働者が増えているはずの愛知県や静岡県、三重県では、もう現役世代人口は増えていません。

おっと、東京都も増えていますね。先ほどまでは首都圏一都三県の数字を語っていましたが、東京都だけ取り出すと一万人だけ増えているではないですか。でも、高齢者数の増加との対比にご注目ください。現役世代の増加は一万人。それに対して、同じ時期の六五歳以上の増加は三九万人です。

そうなんです。現役世代一万人の増加なんて、高齢者三九万人の増加の陰で吹っ飛んでしまいます。ましてや東京都の経済圏は都内に限定されているわけではない。商圏でも通勤圏でも、一都三県+αこそが首都圏という巨大都市の本当の範囲なのです。その一都三県でみれば現役世代は二二万人も減っている。年齢不詳者の増加をすべて加算しても七万人の減少です。そういう全体の状況の中で、都心の地価低落でマンション供給が増え都心居住者が少々増えたことによる「現役世代一万人の増加」を過大評価しても仕方ありません。大阪は全都道府県最大の現役減少地帯でしたが、首都圏はこの通り、日本最大の高齢者激増地域なのです。

ということであれば、日本にはもう現役世代が増えている都道府県はないのか。工場の臨時雇用とかではなく、もう少し長続きしそうな理由で。一つだけあります。沖縄ですね。先ほど個人所得も小売販売額も、バブル崩壊以降に一番伸びたのは沖縄だということを申し上げました。沖縄だけ何で経済が好調なのか。現役世代がまだ増えているからです。沖縄でも子供は減っていますし、お年寄りも増えていますが、それでも少し前の日本全国と同じく、現役世代がまだ増えているんです。ということで、失業者も増えます。余り産業のないところに人口だけ増えるわけですから。それでもって「沖縄は不況だ」ということになるんですが、あにはからんや仕事を見つけられた人、つまり就業者も増えていますので、個人所得は増えるしモノも売れるわけです。

そういう話をしていると、「沖縄が元気なのは観光産業が栄えて、それに関連した商業・工業・農業も伸びているからだ」と言う人がいます。それは沖縄だけを見れば事実です。ですが、東京や名古屋の産業はもっと伸びていた。若者も沖縄なんかよりもずっとハイペースで流入していた。なのに東京や名古屋では、現役の人口は減っていたのです。これは産業要

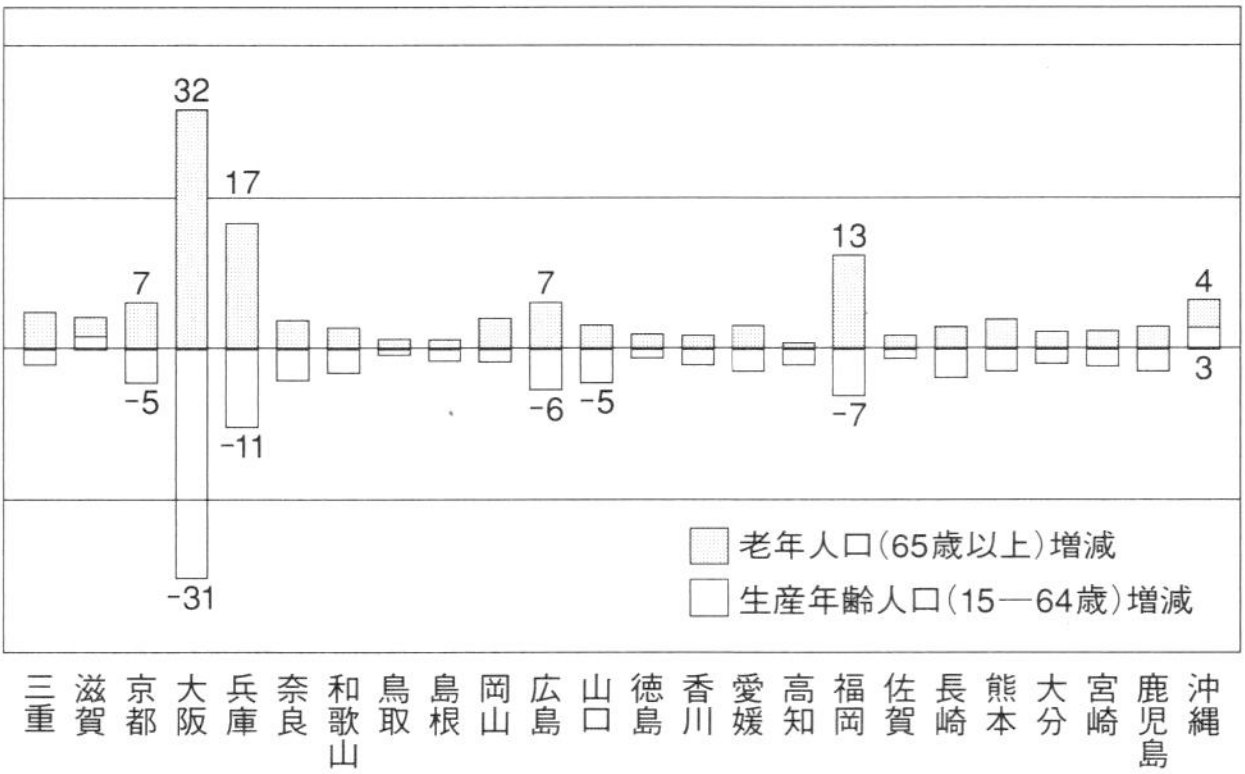

［資料］総務省「国勢調査」

因では説明できない。「現役世代人口の増減の要因は流出入だけだ、つまりは産業が決め手だ」という先入観の方が事実に反しているのです。

「地域間格差」ではなく「日本人の加齢」

ようやくですが、こういうことが起きる理由の種明かしをさせていただきましょう。以上述べてきたような現役世代の減少の要因、それは〇〇年と〇五年の間に、すべての人が五歳ずつ歳を取った、加齢したからなのです。首都圏でなぜ現役が減ったのか。〇〇年時点で六〇―六四歳だった人の方が、一〇―一四歳だった人よりも、七〇万―八〇万人も多かったからですよ。彼らが五歳ずつ歳を取れば、当然に自動的に、現役世代が七〇万―八〇万

図14　生産年齢人口と老年人口の増減の実績（2000―05年）

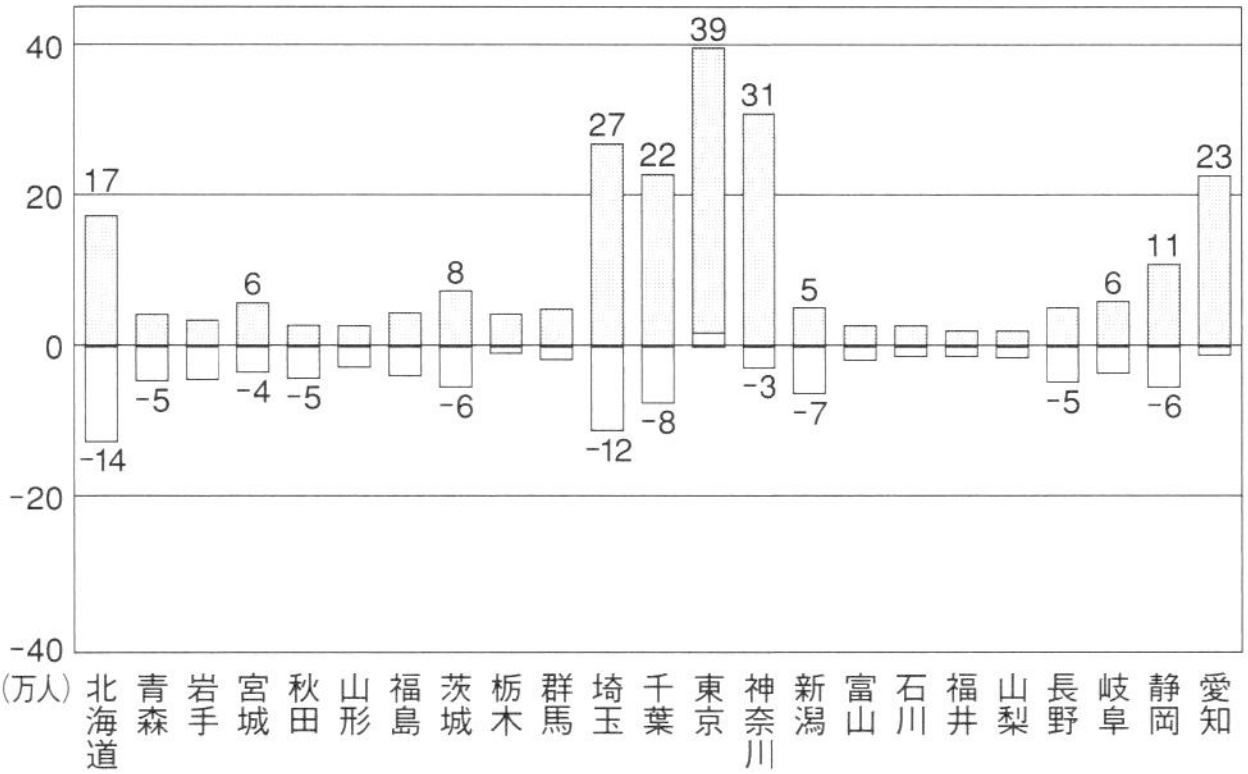

人減ってしまう。そこに若者が六七万人程度流入したおかげで、差し引き一〇万人弱の減少で済んだのです。〇〇年時点で六〇―六四歳だった人が生まれたのは三〇年代後半。それに対して一〇―一四歳だった人は八〇年代後半生まれ。この二つの時代では出生率がまるで違います。だから誰もこういう現象が起きることを止めようがなかったのです。

　他方で三〇年代後半生まれはまだまだ元気でした。〇〇―〇五年に六五歳を超えた彼らの数の方が、その間に亡くなった高齢者よりもずっと多かったので、高齢者の絶対数が一二〇万人近くも押し上げられたわけです。日本は明治維新以降四九年まで、わずか数年の例外を除いて出生者数が増え続けた国なので、後になるほど新たに高齢者になる人が増えていく構造なのです。

それでは沖縄は？　日本一出生率が高いので、一五歳を超える若者が人口比で言えば首都圏よりも多い。でもそれだけではないもっと決定的な理由があります。三〇年代後半生まれの方々が、県民の三分の一が犠牲になったとも言われる沖縄戦の惨禍の中で多く亡くなられたからです。だから沖縄では〇〇―〇五年に六五歳を超えた方が県人口に比べ相対的に少なく、そのためにまだ現役世代が増えました。県を出る若者も失業する若者も多いですが、地元でベンチャーでも開業して、何とか職を作り出す若者も多い。だから個人所得が増えてモノ消費も増えているのです。

それにしても、三〇年代生まれが八〇年代生まれよりも多いというのは全国共通の現象です。それなのに日本の中でも特に首都圏が日本最大の高齢者激増地帯となっているというのはなぜでしょうか。首都圏や愛知県といった産業地域には、三〇年代後半生まれの方々が、高度成長期の前期に中卒の「金の卵」として大量に流れ込みました。だから、〇〇―〇五年の間に六五歳を超えて行った人が多い。若者を出す側だった地方よりも、受け入れる側だった首都圏の方が、より急速な高齢者の激増に直面しているわけです。先ほどお話しした滋賀県と、愛知県・静岡県・三重県の違いもここです。滋賀県は海がないので、高度成長後期の臨海型重化学工業の発展には乗れず、そのために愛知県・静岡県・三重県に比べて三〇年代後半生まれの方々の流れ込みが少なかったわけです。

ところで日本で一番数が多いのは、三〇年代後半生まれではなく、四〇年代後半生まれの「団塊の世代」です。子供も八〇年代以降さらに減っています。ということは足元の、そして近未来の日本と首都圏は、いったいどうなっているのでしょうか。

団塊世代の加齢がもたらす高齢者のさらなる激増

そこで、五年前と五年後の一〇年間を比較してみましょう。出典は、先ほども触れましたが国立社会保障・人口問題研究所（社人研）の都道府県別予測値です。

さて首都圏をクイズにすることとして、ヒントに青森県の数字をお見せしましょう。五年前＝〇五年と五年後＝一五年の一〇年間に、青森県では六五歳以上が二割も増えて、七五歳以上に至っては何と四割近くも増えるという予測になっています。戦後の混乱の中で生まれた団塊の世代がこの間に六五歳を超え、三〇年代後半生まれの方々が七五歳を超えるからです。青森にも八戸という、高度成長期に三〇年代後半生まれが多く流れ込んだ臨海工業都市がありますから、その影響が大きいわけです。それにしても絶対数で言えば、青森県では一〇年間に七五歳以上の方が五万五千人も増えるという予測になっている。この研究所の予測は甘めだと一部専門家からは批判されていますので、実際にもこれを下回るようなことにはならないでしょう。

そうして増加した七五歳以上の何割が、特別養護老人ホームや老人保健施設といった収容型の介護施設に入るのでしょうか。仮にごく低く、一割としましょう。それでも青森県は施設定員を、一〇年間に五五〇〇人増やさなければいけません。施設数で言えば何十箇所にもなります。また増加した七五歳以上のうち、要介護認定を受ける人が仮に三割にとどまったとしても、絶対数では一〇年間で一万六千人以上の需要増です。ヘルパーを数千人単位で増やさなければ追いつきません。さらには、三割どころか団塊世代の六割以上がいずれは要介護になるという試算もあるとか。ご紹介したのは一五年までの数字なので団塊世代はまだ七五歳以上になっていないのですが、その先二五年あたりには、介護福祉の需要のさらなる大爆発という事態が現実化します。

このように「高齢化」というのは「高齢者の絶対数の激増」のことなのですが、そうではなく高齢化＝「高齢化率」の上昇である、というわけのわからない抽象化が世の中では普通に行われています。そもそも高齢者は増えるのか減るのかさえ理解していない人もいますよ。「高齢化率」が上がるのは「少子化」のせいだ（つまり子供の減少で総人口が減っているからだ）と決め付けて、子供さえ増やせば高齢化に対処できると勘違いしている人が。「高齢化率」はどうでもいいから「高齢者の絶対数」が増えていることこそ問題だという、当たり前の認識ができないと、現実への対処は始まりません。

ところがそこへもってきて、青森県の生産年齢人口は足元の一〇年間に一三%も減るというのです。これでは税収はさらに落ち、県内の消費活動もさらに沈滞します。高齢者の急増と現役世代の減少が同時に襲う、この厳しい姿が、地方を襲っている現実です。

現在「一〇〇年に一度の不況」のせいにされている現象の多くが、実は景気循環とは関係ないところで、このような住民の加齢によって起きているものなのです。「一〇〇年に一度」どころの騒ぎではない、今起きているのは日本始まって以来の、「二千年に一度」の生産年齢人口減少なのですから。

そこで皆さん、首都圏一都三県、つまり東京、千葉、神奈川、埼玉はどうなっていくのでしょう。六五歳以上は青森県では二割も増えると言っていますが、五年前と五年後、同じ一〇年間に首都圏ではどうなると思いますか。四捨五入すれば青森県と同じ二割増か。それとも一割増、あるいは横ばいで済むのか。はたまた三割、四割、五割増なんてことがあるのか。

前述した社人研の都道府県別予測値では、一〇年間で四五%増です。青森県のような「二割増」なんてレベルでは済みません。日本で一番数が多い四〇年代後半生まれの「団塊の世代」は、その前の世代以上に地方から首都圏に流入しています。彼らが中学や高校を卒業した時期こそが、高度成長期の真っ盛りの時期だったのです。平均四人兄弟で、家を相続でき

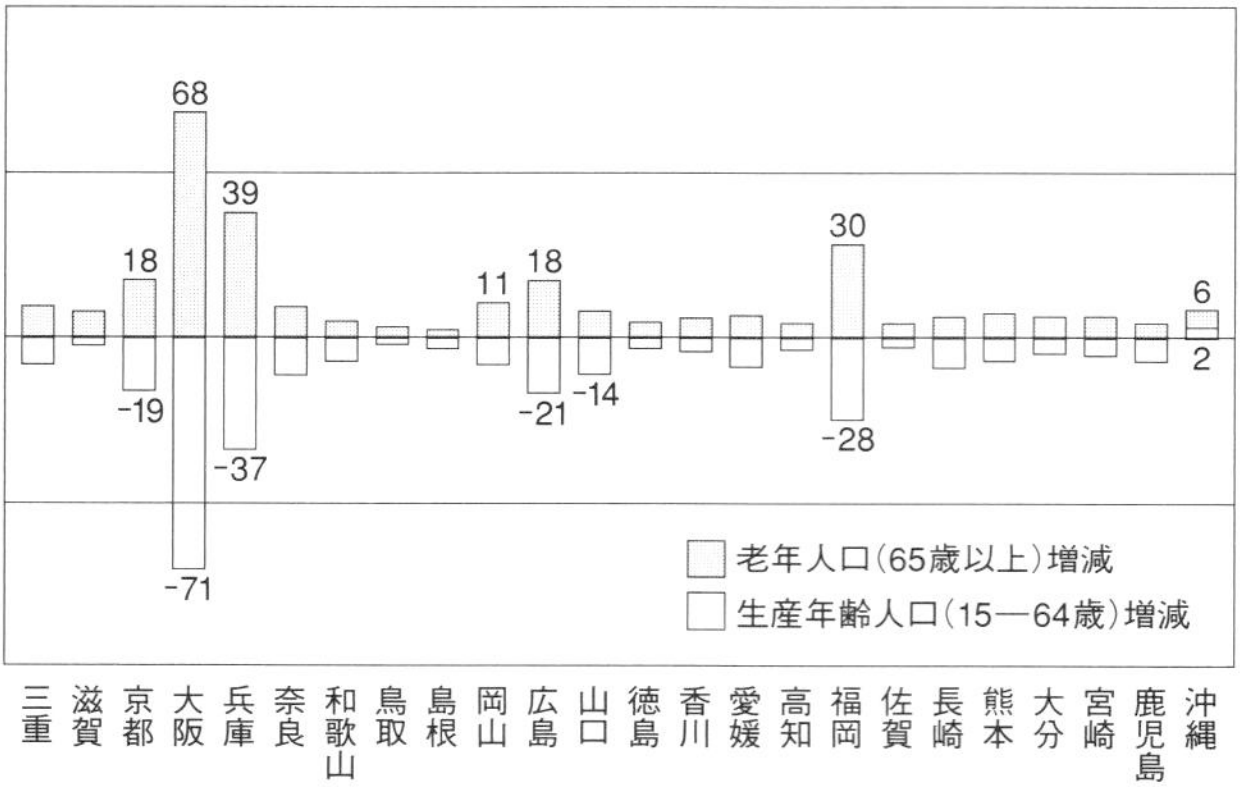

［資料］国立社会保障・人口問題研究所 07年5月発表「都道府県別人口予測」

ない人の比率も団塊世代が一番高かったのでした。だからこそ首都圏では、足元の一〇年間に六五歳を超えていく人が日本の他の地域よりも圧倒的に多いのです。

それでは七五歳以上はどうでしょう。青森県ではなんと四割近くも増えるそうですが、首都圏ではどうなのでしょうか。団塊世代は一五年にはまだ七〇代には達していないわけですが。

社人研の予測は六三%増、一五四万人の増加です。考えてみてください、この一五四万人の増加分のうち一割が収容型の老人施設に入るとすると、定員を一五万人以上も増やさなければいけない。施設数で言えば数千箇所は造らなければいけませんが、これは首都圏の一つの市区町村当たり五―一〇個ずつとい

図15　生産年齢人口と老年人口の増減の予測(2005—15年)

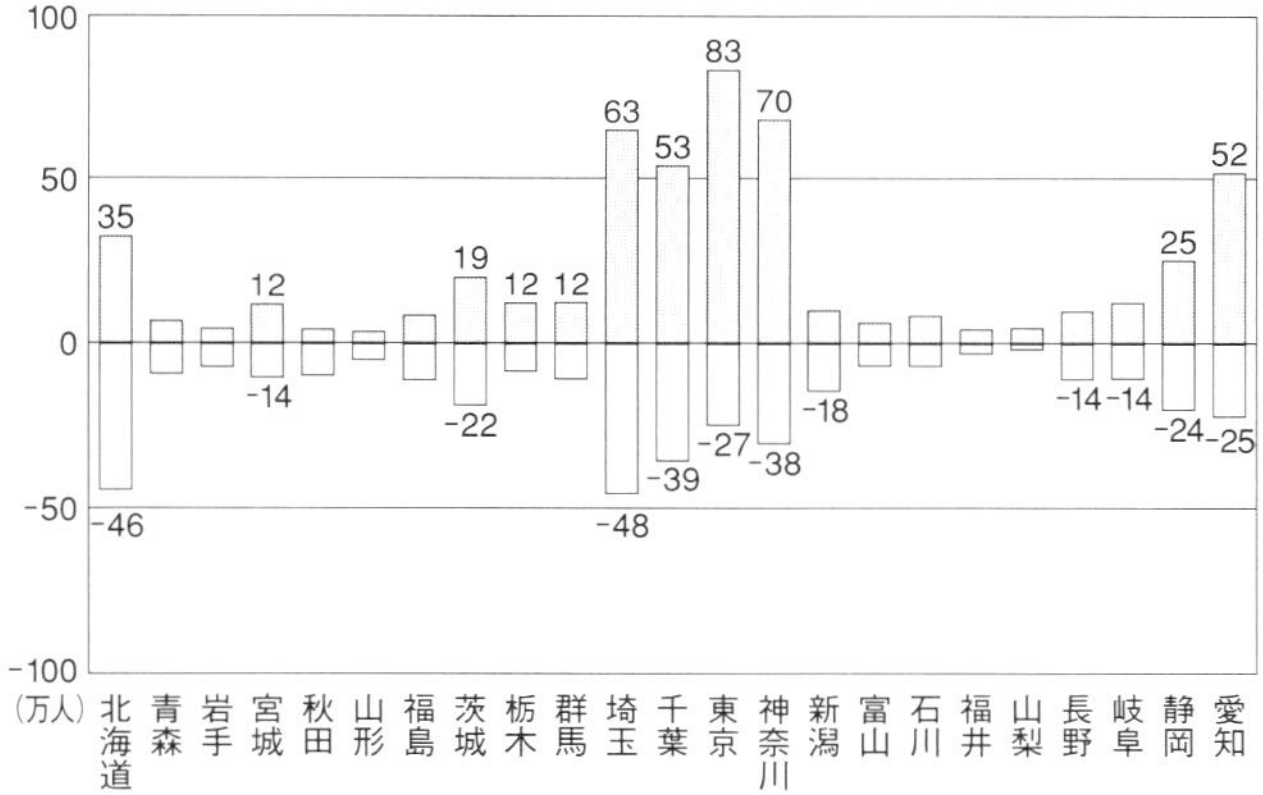

うようなレベルです。できるわけもなければ計画も見たことがありません。三割が要介護となるとすると五十万人弱。ヘルパーも何万人単位で増やさねばならない。団塊世代が七五歳を超える二五年ともなれば、さらに凄《すさ》まじい福祉需要の爆発が予想されます。

その一方で首都圏の一五—六四歳人口は足元の一〇年間に六％減ると予測されている。先ほどお見せした通りすでに〇〇—〇五年にも減っていましたが、団塊世代が六五歳を超える今後五年間に、その抜けて行く分、減少ペースはさらに加速するわけです。とはいっても六％というのは、青森県の一三％よりはゆるいペースではあります。そこでこれをもって「地域間格差は厳然として存在している」と唱える人もいるかもしれない。冗談ではありません。これは引き続き青森県から首都圏に上京する若者を十分見込んだ予測だというのに、一三％と六％、程度の差こそあれ首都圏でも青森でも現役世代は減少するものとされている。これは特に、これまで若者の流入＝生産年齢人口の増加であると思い込んできた首都圏にとって大変な事態です。

というような、信じられない現象が起きている真っ最中ですから、実際に首都圏の介護福祉の現場は大変なことになっている。お客は増える一方なのに、人手も予算も、設備も足りないのです。現場では、もう悲鳴を上げる元気もなくなった若者たちが苦闘しています。不景気で就職先がないと言われていますが、その実、高齢者福祉の分野では慢性的な人手不足が解消される気配もありません。余りに消耗を強いられる仕事なので、体力のある若い人たちでも定着できないのです。

ところがいったいなぜそんなに首都圏の高齢者福祉の現場が需給逼迫《ひっぱく》しているのか、その原因が「住民の加齢による高齢者の絶対数の激増」という単純な事実であることを誰も言わない。景気だの地域間格差だの、関係のないことばかり言っている間に、しかし、時間は全国で平等に流れていくのです。

第6講 「人口の波」が語る日本の過去半世紀、今後半世紀

首都圏においてすら、生産年齢人口はもう減り始めている。他方で日本中で高齢者が増加しているが、特に高度成長期に若者を集めた首都圏のような地域ほど増加のペースが急だ。その背景には、人数の多い終戦前後生まれの世代の加齢がある。これが前講の要点でした。

しかしこの事実は、「一〇〇年に一度の不況」の大合唱の下でほとんど無視されています。景気対策をしてこの波を乗り切りさえすれば、人口構造がどう成熟化しようとも経済は再び成長する、これが日本の経済関係者ほとんどの信念であるようにすら見えます。

ですが、景気の波と関係なく襲ってくる「生産年齢人口の波」を、いつまでも無視していていいのでしょうか。最近出てきた用語で言えば、「人口ボーナス（生産年齢人口が年々増加

している状態)」と「人口オーナス(生産年齢人口が減少に転じ、高齢者が急増している状態)」と呼ばれるものですが、その影響たるや、景気の波を簡単に打ち消してしまう威力がありますし、景気循環に対処するための各種方策はこれにはまったく通用しません。

たとえて言えば、景気の波は普通の海の波、それに対して生産年齢人口の波は潮の満ち引きです。浜辺で砂の城を作って遊んでみると実感できますが、同じ高さの波でも満ち潮の時には威力が増しますし、逆に引き潮の時にはどこか元気が欠けていますね。生産年齢人口の潮も、満ち寄せているときには好景気は底上げされますし、不景気といっても余りダメージが生じない。逆に生産年齢人口の潮が引き始めれば、好景気でもさほどの盛り上がりは生じず、不景気のダメージは深刻になります。あるいは、生産年齢人口の減少というのはゆっくり下るエスカレータのようなものです。元気に歩いて登っていっても、なかなか上に着けない。逆にちょっとでも休めばみるみる下に落ちて行ってしまう。

では戦後日本に事実として生じた人口の波を、「見える化」してお見せしましょう。

戦後のベビーブームが一五年後に生んだ「生産年齢人口の波」

これが太平洋戦争に突入する直前、一九四〇年当時の日本列島居住者の年齢別の数です(一一八頁図16)。いわゆる人口ピラミッドですが、男女は一緒にしてグラフは横向きにしてあります。国外に居住する日本人の数はあらかじめ除外し、逆に日本列島居住者であれば外国人でもカウントされています。

見ての通りその当時の日本は、年齢が若いほど人数が多いという、典型的な発展途上国状態でした。平均寿命がまだ短かったうえ、明治維新以降ほぼ一貫して出生者数が増え続けてきたということが理由です。江戸時代の人口が三千万人台とも推定されているのに対し、維新後七〇年余りを経た四〇年の国内人口は、七千万人超へと倍増していたのです。

ちなみに戦争当時「一億一心」とか「一億火の玉」とか言っていたのは、海外居住の日本人や、朝鮮、台湾の方々も加えた数字です。この言葉のおかげで「戦争の頃に一億人だったのが最近は一億二千万人台、つまり少々増えただけ」との印象を持ちがちですが、実際は七千万人超が一億三千万人近くへと、国内居住者が八割も増えたのが戦後半世紀でした。

戦争を経て五〇年になりますと、画面左端に大きな変化が生じています（同図17）。団塊の世代の登場です。その一つ右の戦時中生まれの世代も、「産めよ増やせよ」という出産奨励政策を受けて出生当時では過去最高に多かったのですが、四六年に本格化した復員の約一年後、四七年から四九年までの三年間に起きたベビーブームでは、それをさらに大きく上回る史上最高の出生者数が記録されました。反対に戦争の人的被害の集中した四五年と混乱の最中の四六年の出生は非常に少なかったのですが、彼らも加え四五年一〇月―五〇年九月の

図16　日本在住者の年齢：1940(S15)年＝70年前

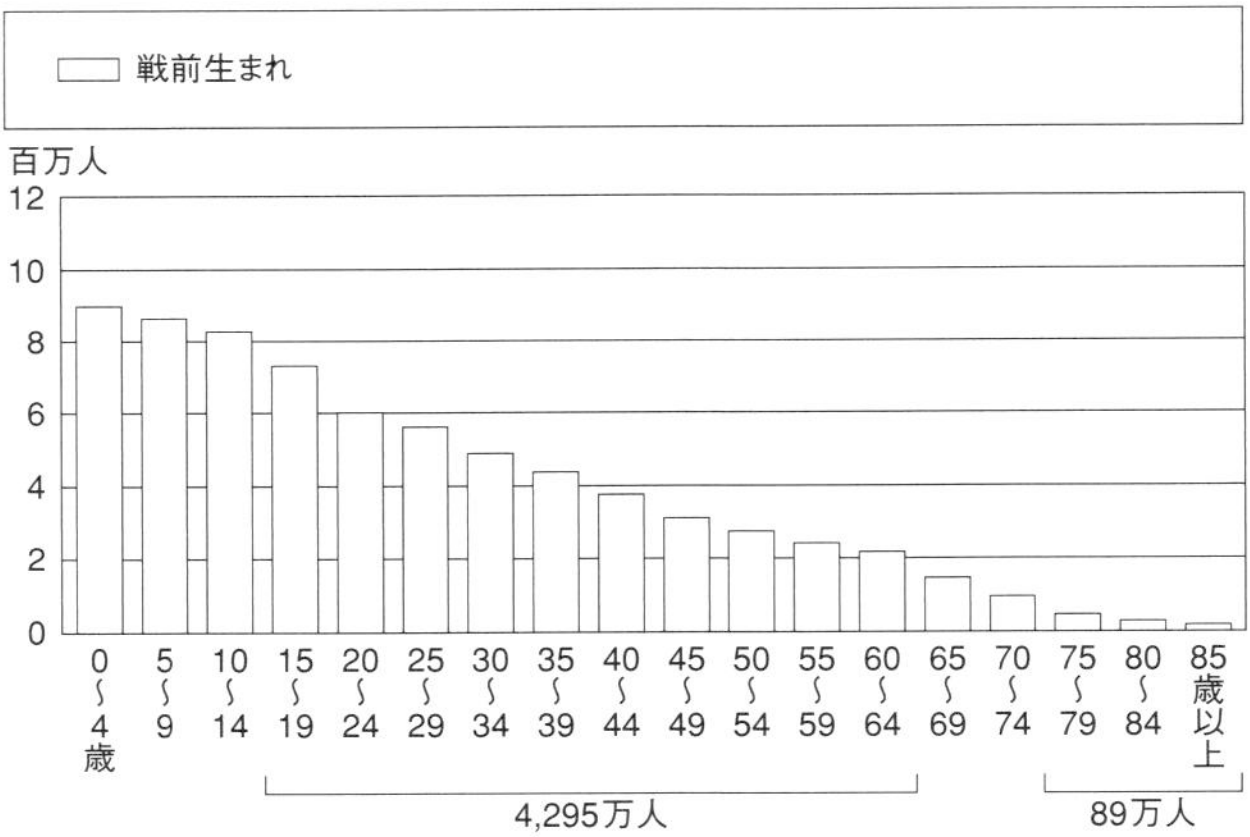

［資料］総務省「国勢調査」　［注］外国人含む

図17　日本在住者の年齢：1950(S25)年＝60年前

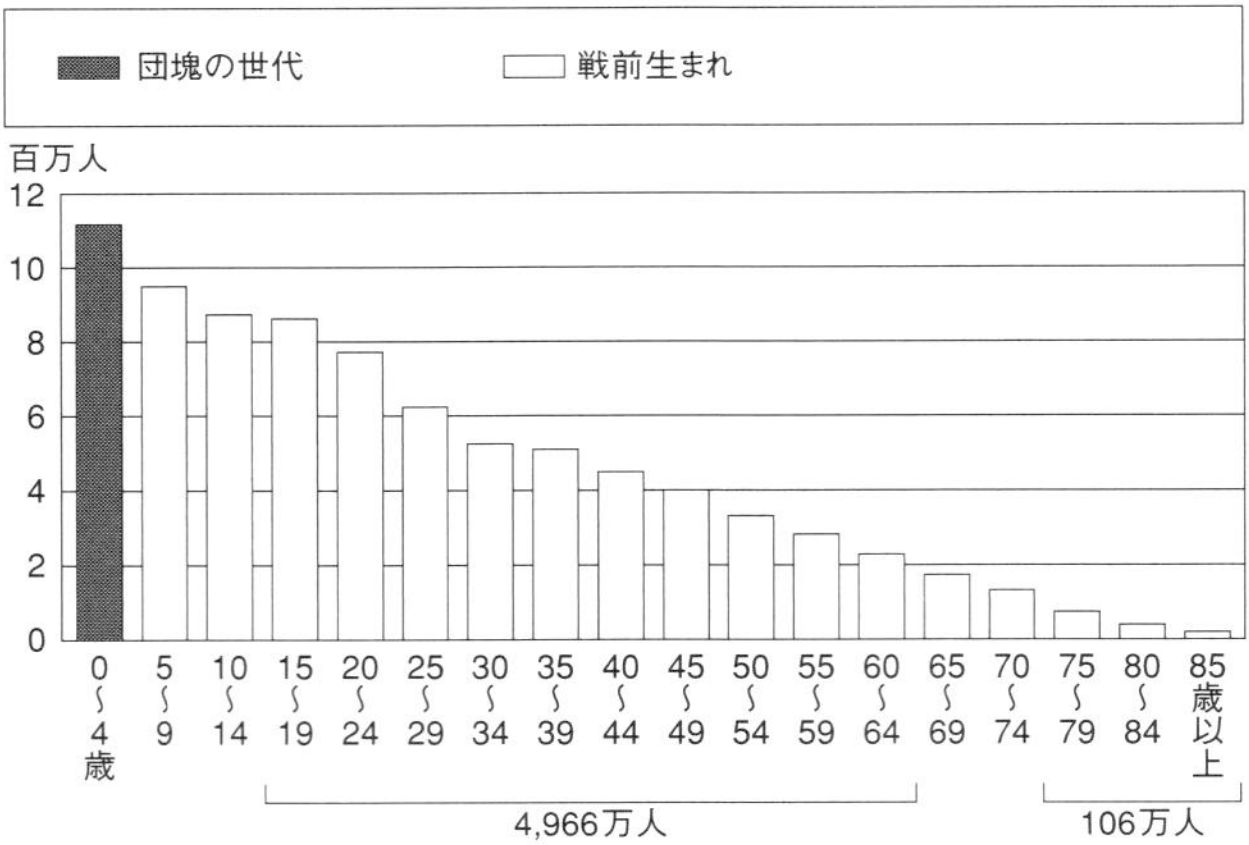

［資料］［注］図16に同じ

図18　日本在住者の年齢：1960(S35)年＝50年前

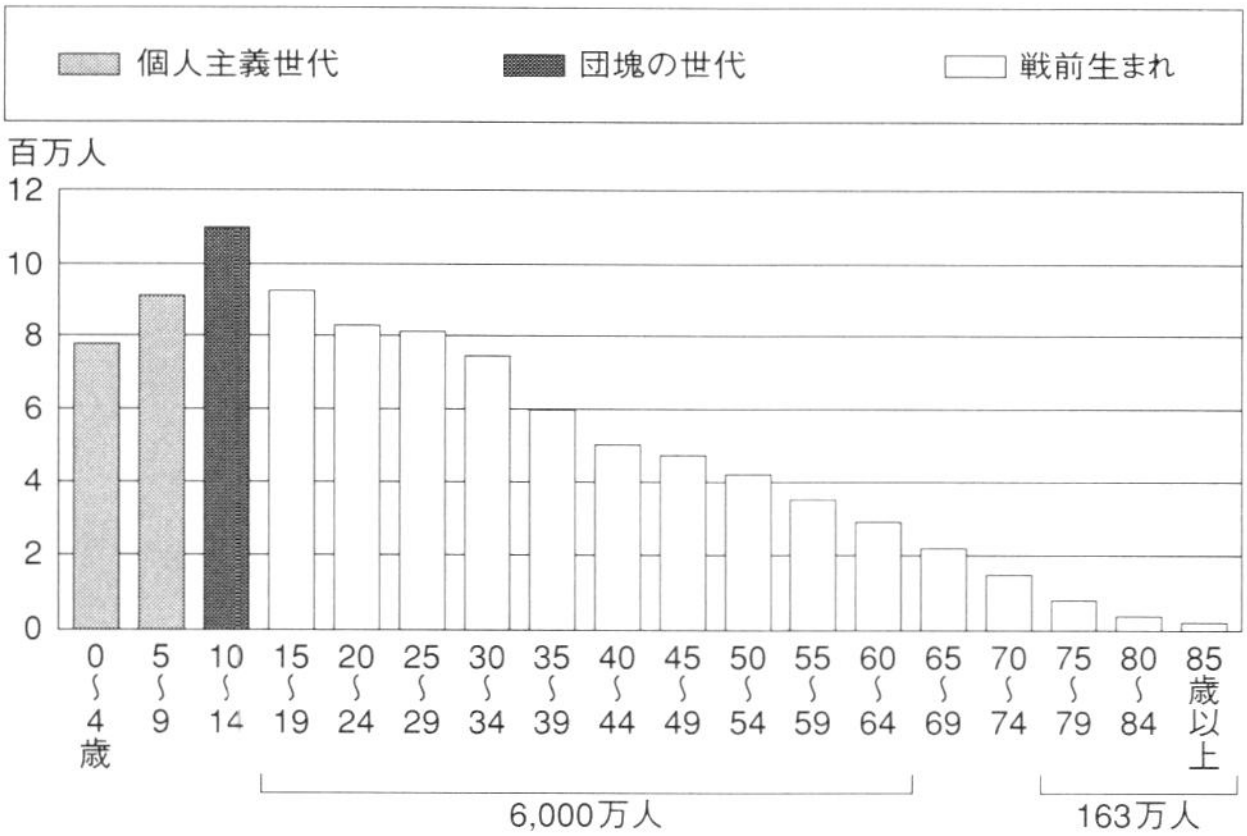

［資料］［注］図16に同じ

図19　日本在住者の年齢：1970(S45)年＝40年前

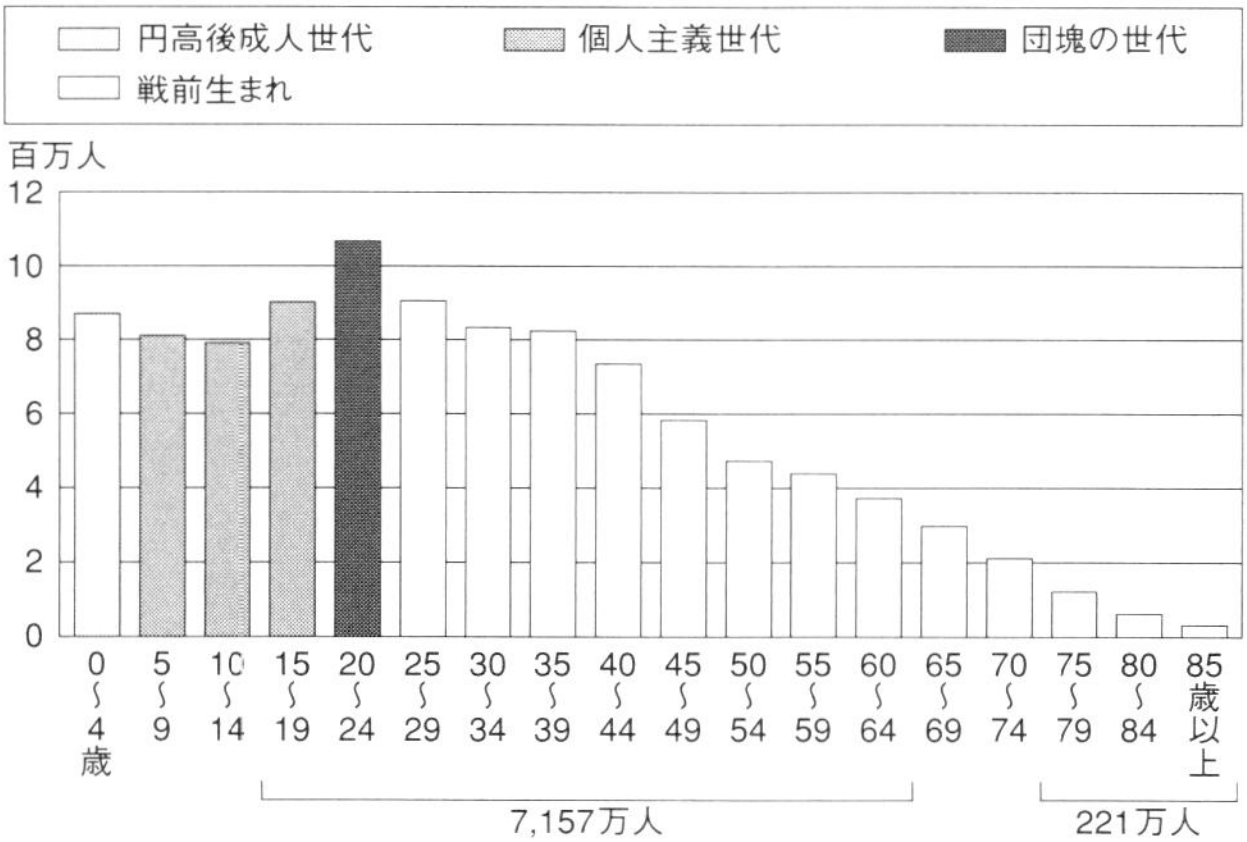

［資料］［注］図16に同じ

五年間に生まれた世代を合計しますと一一〇〇万人超になります。終戦後の五年間に日本史上最大の数の乳幼児の集団が出現したのです。

一〇年経つと六〇年。その間に戦時中生まれの世代が生産年齢人口にカウントされるようになり、ということはつまり中学を卒業して就職し始め、日本の就業者数は大きく増加し始めます。六〇―六五年には団塊世代が一五歳を超え、さらに急速な生産年齢人口増加が起きます。ですが彼らは戦前生まれに比べ高校進学率も高かったので、就業者数の増加のピークは数年遅れ、六五―七〇年にやってきました。これが当時のいわゆる「いざなぎ景気」の主要因となります。「生産年齢人口の波」の上げ潮期に特有の「人口ボーナス」を最大限に受け取れたのが、この時代でした。

就業者数の増減は「景気」で決まる、と信じている方からは、「六五―七〇年の就業者増加は、いざなぎ景気の結果であって原因ではない」というお叱りをいただくかもしれません。ですがそれこそが、数字を確認もせずに思い込みで話してしまう「ＳＹ」なのです。

もちろん、好景気が就業者を増やすのは当たり前です。ですが普通の数字感覚を持っていれば、好景気の波で増えた就業者数よりも人口の波で増えた就業者数の方がずっと大きい（主要因である）ということはすぐわかるはずなのです。たとえば六五―七〇年の五年間でいえば、団塊世代の一つ下の五〇年代前半生まれが一五歳を超えたことで生産年齢人口も六九三万人も増え、対応して就業者数が四六三万人増えています。後者の増加が、六五年時点で六七万人しかいなかった完全失業者が好景気で仕事を得たために起きたとするのは、四六三万人と六七万人という絶対数の差をまったく無視した空論ですよね。実際には、同じ五年間に完全失業者も六万人ですが増えました。新規学卒者が多い分、いかに好景気でも就職しきれない人もいたもので。就業者の増加は、失業の減少に対応してではなく、新規学卒者＞定年退職者、という世代間人口差に対応して生じていたのです。

実際に六〇年代は、卒業して社会人になっていく学生の数が空前に多い時代でした。その中にはたまたま卒業が不況期に当たって就職できなかった若者も多かったですし、将来に対する不安や疎外感から学生運動も燃え上がりました。ですが彼らの圧倒的多数は、若いエネルギーを燃やし何とか職を見つけて食べていこうと努力し、前述の就業者の数字が示すように、どこかに何かの職場（非正規雇用含む）を見つけることができたのです。そのため日本の経済社会は、需要と供給が共に拡大するトラックに入っていきました。その結果として「景気」が良くなり、さらに雇用が増えたわけです。つまり、雇用の増減の原因は景気ではなくて、生産年齢人口の増減そのものだったわけです。

高度成長期に始まる出生者数の減少

他方でこの高度成長期、毎年の出生者数はこれまた明治維新以降初めて、戦争などの一時的な理由ではなく構造的に、大きく減り始めました。昭和三〇年代（五五―六四年）は特に出生者数が低水準であり、これが後に「生産年齢人口の波」の下げ潮につながっていきます。

これは、終戦直後に四以上と異常な高さを示した出生率が、二少々という正常なレベルに落ち着いたからなのですが、その結果として、団塊世代の周辺だけが、戦後日本に特有の極端な「生産年齢人口の波」として残ってしまいました。

さてその出生者数ですが、昭和四〇年代（六五―七四年）には再び増加します。出生率が三や四に戻ったのではありません。出生率は二少々でしたが、数の多い戦時中生まれやもっと数の多い団塊世代が出産適齢期に達したことで、つまり親の数が増えたので子供が増えたのです。俗に言う「団塊ジュニア」の誕生です。戦時中生まれの世代と団塊の世代という人口の波の盛り上がりが、団塊ジュニアという新たな波の盛り上がりを生んだわけです。

「少子化」といえば「出生率の低下」だと思っている人が非常に多いのですが、そうではなくて文字通り子供の減少、つまりは「出生者数の減少」こそが少子化です。そして「出生率の低下」というのは、少子化が起きる二つの原因の一つにすぎません。もう一つの原因が親の数の減少、正確には出産適齢期の女性の数の減少です。こっちは出生率とは違って後でいじることができません。二〇一四〇年前の出生者数がそのまま遅れて反映されますから。ちなみに最近の日本で起きているのも、正にこの「親の数の減少」による「出生者数の減少」でして、少々出生率が上がったくらいでは改善は生じません。

それはともかく団塊ジュニアという新たな波のピークは七三年、昭和四八年でした。ところが七四年からは、出生者数は再び減少を始めます。出生率の低下が影響してくるのはもう少し先で、この時期、すなわち七〇年代後半の出生者数減少は、史上空前に数の多い団塊世代が三〇代に入り、出産適齢期の女性が減り始めたのが理由です。ただそれとは正反対に、八〇年代後半に向け、生産年齢人口はまだまだ急速に増えて行きました。数の多い団塊ジュニアが一五歳を超え始めたからです。

住宅バブルを生んだ団塊世代の持ち家取得

そして日本は、八〇年代後半の繁栄を迎えます。ちょうど団塊世代が四〇歳を超えつつあり、かつ団塊ジュニア世代がハイティーンだった頃です。

親の数の二倍もいる団塊世代は半数以上が親から自宅を相続できない立場であり、特に地方に親を置いて首都圏や関西圏に出てきた人にとってはマイホームの確保が人生における大きな課題でした。地価の高い日本では、四〇歳前後までになんとか頭金を貯めて、ローンを組んで自宅を手当てするパターンが多いそうで、従ってこの時期に団塊世代の住宅購入が集中することになります。彼らの子供たちが思春期になって個室を求めたのも後押しになりました。ここに、特に首都圏や関西圏を中心に、日本史上空前絶後の住宅需要が発生します。それに対応すべく、大都市近郊での住宅開発が極めて盛んになります。

ただ、顧客の中心がわずか三年間に出生の集中している団塊世代である以上、需要の盛り上がりは短期的であることが本当は明らかでした。ところが当時の住宅業界、不動産業界、建設業界は何と考えたか。「景気がいいから住宅が売れている」と考えたのです。こういう発想ですから、「このまま景気が良ければ、いくらでも住宅は売れ続ける」という考えになってしまいます。でも実際には逆で、「団塊世代が平均四人兄弟で、かつ親を故郷に置いて大都市に出てきている層が多いため、一時的ながら大都市周辺での住宅需要が極めて旺盛《おうせい》になり、その波及効果で景気が良くなった」ということでした。日本史上最も数の多い団塊世代が住宅を買い終わってしまえば、日本史上二度と同じレベルの住宅需要が発生することはないわけです。そこに、住宅の過剰供給、「住宅バブル」が発生します。

つまり住宅市場、土地市場の活況は、最初は団塊世代の実需に基づくものであってバブルではありませんでした。ところが日本人のほとんどが住宅市場の活況の要因を「人口の波」ではなく「景気の波」であると勘違いしたために、住宅供給を適当なところで打ち止めにす

図20　日本在住者の年齢：1985(S60)年＝25年前

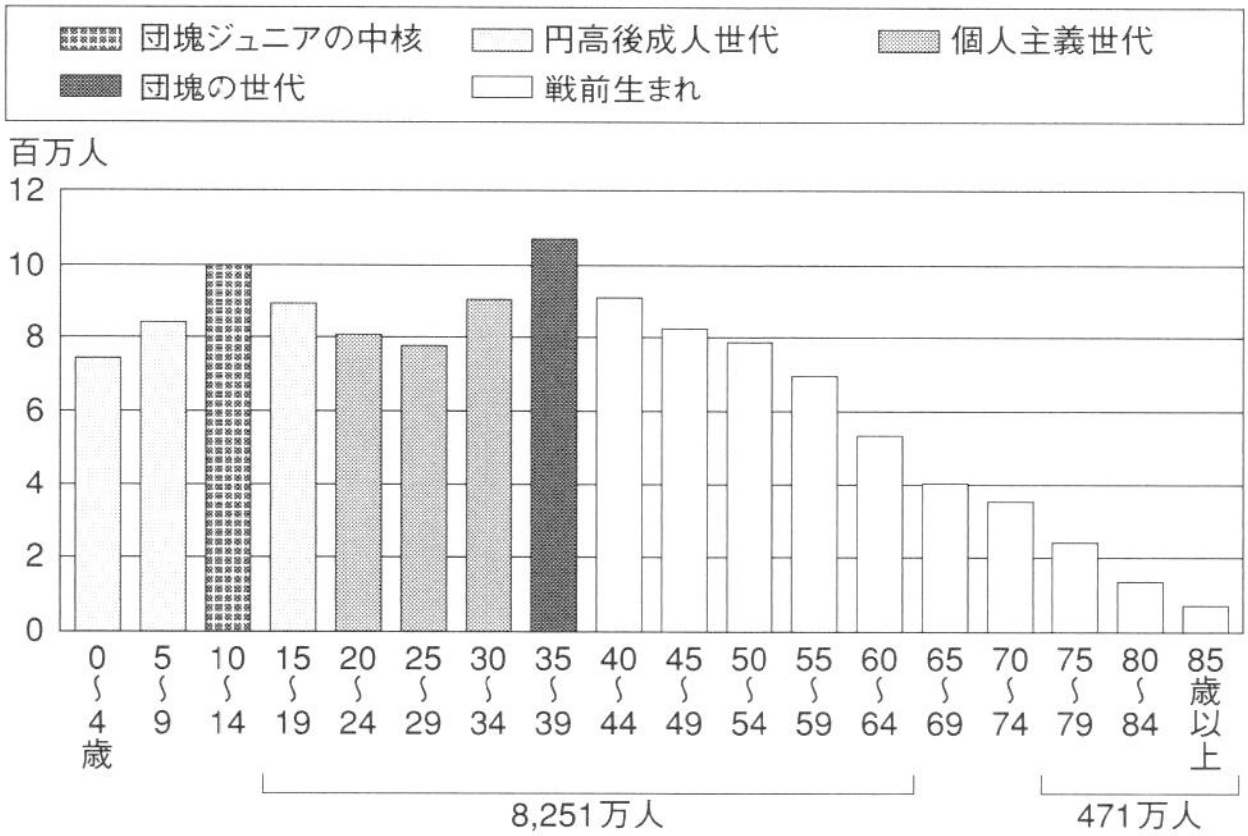

［資料］［注］図16に同じ

ることができず、結果として過剰供給＝バブルが発生してしまいました。その先には値崩れ＝バブル崩壊が待っていたわけです。

このような推論は私のオリジナルではありません。バブル崩壊途中だったと思いますが、当時マッキンゼー・アンド・カンパニーの東京支社長だった横山禎徳《よしのり》さん（現東京大学エグゼクティブ・マネジメント・プログラム企画・推進責任者）が、『成長創出革命』（ダイヤモンド社、九四年）というご著書で指摘されていたことです。私は無精者で、経済書やビジネス書は本当に数冊しか読んだことがないのですが、この本は人生を大きく変えました。

戦後復興の中で、たまたま数の多い団塊世代が生まれた。彼らが加齢していくのに伴い、

図21　日本在住者の年齢：1995(H7)年＝15年前

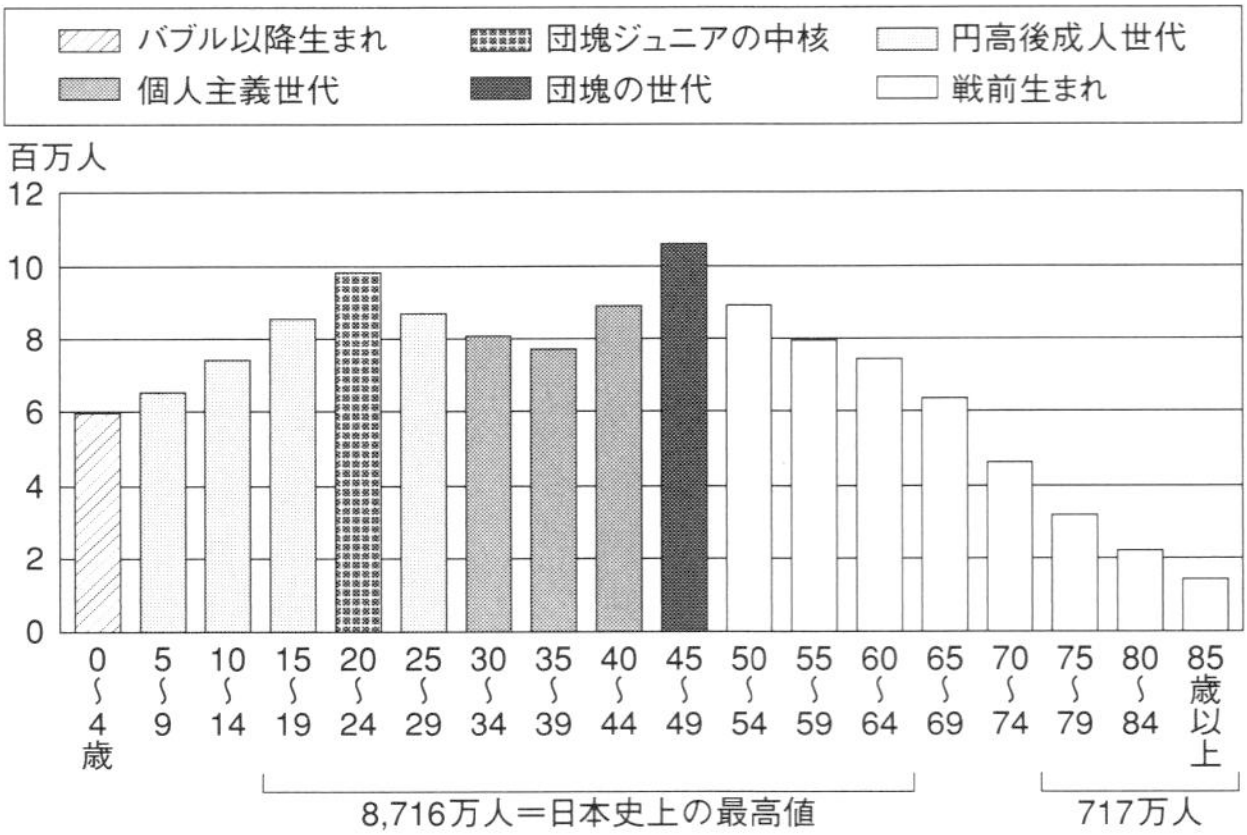

［資料］［注］図16に同じ

そのライフステージに応じてさまざまなものが売れ、そして売れなくなっていく。この単純なストーリーで説明できてしまう、そして予測できてしまう物事がいかに多いことか。少なくとも「景気循環なるものが永劫《えいごう》回帰のごとく繰り返す」というマクロ経済学の基本形に比べますと、はるかに見事に、「戦後日本」という「国際経済競争史上の特殊解」の消長の理由を説明できます。バブルの発生がなぜ首都圏と大阪圏だけに集中していたのかも、団塊の世代の進学・就職の流れと照らし合わせてみれば完璧《かんぺき》に納得できてしまう。なぜ当時スキーやテニス合宿、電子ゲームが流《は》行《や》り、その後大きく市場が縮小したのかも、団塊ジュニアが学生だった当時と今を比べればハイティーンの数が四割近くも減っている、

図22　日本在住者の年齢：2005(H17)年＝5年前

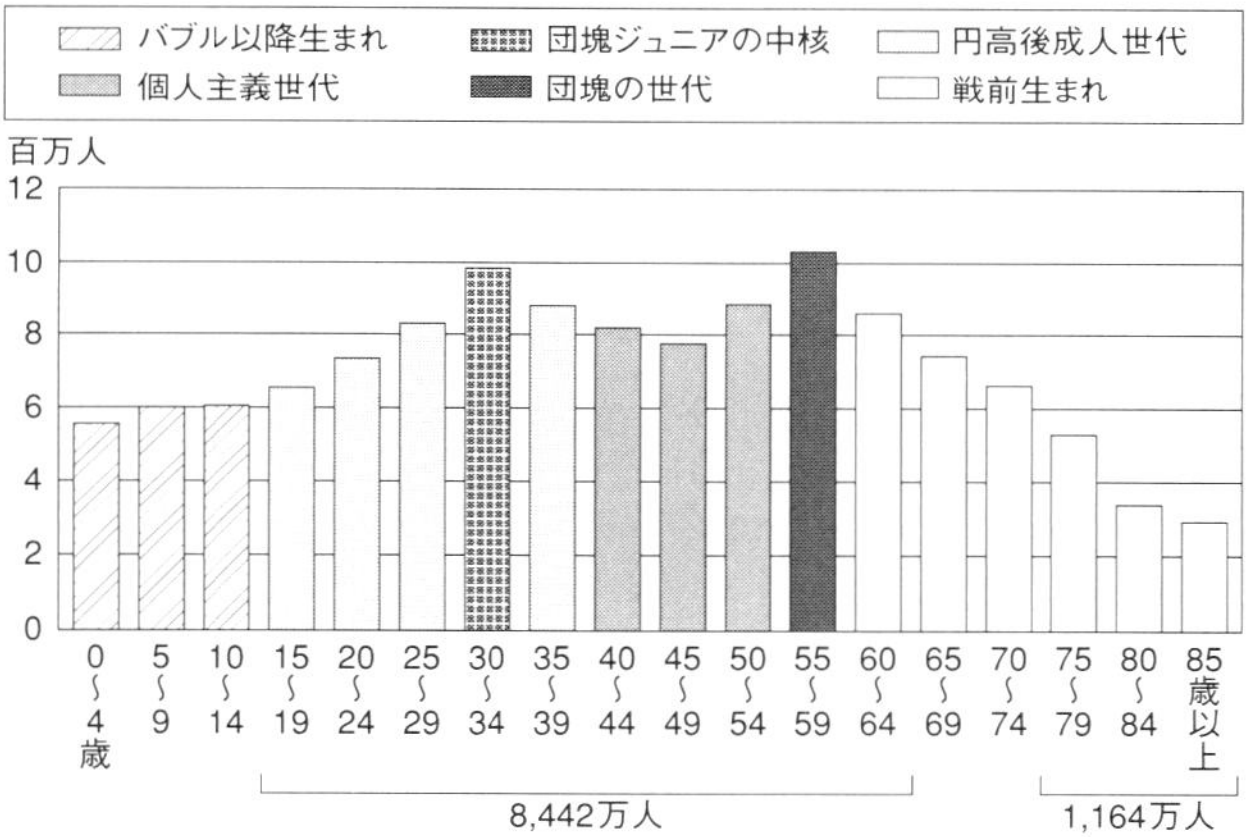

［資料］国立社会保障・人口問題研究所による「国勢調査」補正値　［注］図16に同じ

ということで説明できる。電子ゲームの市場再拡大は、高齢者にも売れる史上初のゲームである任天堂Ｗｉｉの登場まで待たねばならなかったのです。

なのに、横山さんのこの本は、ご本人のお話では売れなかったそうですし、世上では未《いま》だに、バブルの発生と消滅は経済循環の枠組みの中だけで無理やりに説明されています。その結果、「景気」さえ上向けば再びバブル期のような不動産価格上昇が再現される、と思い込む人が跡を絶ちません。ついこの間の「好景気」の時期にも、そう言って騒いだ人がいましたし、そういう流れの中で不良資産をつかまされた人、流れに乗ってしまって倒産してしまった会社もありました。ですが実際には、バブル期のようなトレンドはいくら

「好景気」でも再現できません。団塊世代の住宅取得は二度とないばかりか、彼らが取得した郊外住宅が逆に売り出され始め、彼らが勤務していたオフィスビルも彼らの退職でキャパシティ過剰になり始めている時期なわけで、これは当たり前のことなのです。

「就職氷河期」も「生産年齢人口の波」の産物

それはともかく団塊世代の住宅購入は、彼らが四〇歳を超え終わった九〇年くらいまでには一段落してしまい、「景気」も九〇年三月あたりをピークに下降に転じます。その後もしばらくは、団塊に比べれば数の少ない五〇年代前半生まれが、団塊世代の作ったトレンドが続くと勘違いしてさらなる遠郊外に今から考えると法外な価格で住宅を買うという流れは続くのですけれども、九二年くらいになると土地バブルの崩壊は誰の目にも明らかになって来る。にもかかわらず、日本の小売販売額は九六年度まで、個人所得は九八年まで増え続けました。数の多い団塊ジュニアの方々が、特に九三—九七年度の間に一斉に就職し、就業者の総数が大きく増加したからです。

世間の認識というか「空気」は、こういう事実とは違います。九〇年代半ばは「就職氷河期」だったことになっているのです。確かに国勢調査を見ると、九〇年一〇月→九五年一〇月の五年間に、日本の完全失業者は一九一万人→二八八万人と、実数で九七万人、率で一・

五倍も増加している。国内のどの議論を見ても、これは「バブル崩壊」という景気上の現象がもたらしたものであると語られています。でも誰か一人でも、同じ「バブル崩壊期の九〇年代前半に就業者数の実数が二四六万人増えていた」という事実をチェックした人はいなかったのでしょうか。

国勢調査の就業者は、一週間に一時間でも有償労働をした人を含みますので、二四六万人の中には相当多数の非正規雇用者が含まれていましょうが、それでも就業者の増加に関してはバブル最盛期の八五→九〇年の三三二万人増に比べてそんなにペースが落ちたわけではない。皆さん失業者の増加、正確には失業者数と連動するかどうかさえ不明確な「失業率」の上昇ばかりをみていて、同時に就業者が何倍も増えていたことに気づいていないのです。

でも就業者数の増加という事実は、「九〇年代前半には個人所得も小売販売額も増えていた」という先にお話しした事実と見事に符合している。いずれも全数調査ですから、符合するのが当たり前です。七〇年代前半生まれの一千万人が、バブル崩壊後に高卒・大卒で就職したことにより、失業者も一〇〇万人増えましたが、就業者総数も二五〇万人ともう一段の増加を示し、個人所得総額ももう一段上がり、モノ消費ももう一段押し上げられたのです。

それではその後、今世紀初頭の「戦後最長の好景気」の下で、個人消費やモノ消費が落ち込み続けたのはなぜか。〇〇→〇五年に日本の就業者数が一四七万人も減少したという国勢調査の数字が、雄弁に物語っています。団塊ジュニアの就職を最後に、新たに学校を卒業して社会に入る若者は減っており、他方今世紀に入りそれ以前の世代に比べると数の多い昭和一〇年代生まれの定年退職が本格化したため、就業者総数の減少は景気に関係なく必然となってしまったのです。そこで当然、個人所得総額は下がり、モノ消費も落ち込む。人口の波のグラフを八五↓九五↓〇五年と続けて見てみれば、このあたりの状況は一目瞭然《いちもくりょうぜん》です。

正確を期すためにやや細かいことを述べますが、〇五年国勢調査では大量の不完全回答者が発生しており、仕事をしているのかいないのかはっきり判明しなかった人が〇〇↓〇五年に一六二万人も増えています。仮にこの就労状況不明の連中が全員、実際には何か多少でも賃労働をしていたと仮定すると、就業者は一四七万人の減少ではなく実は一五万人ばかり増えていた計算になります。でも、「なんだ、やっぱり好景気で仕事は増えていたじゃあないか」と思うのは少々早いですよね。「バブル崩壊後の失われた一〇年」の前半には、就労状況不明の連中を加えずとも二四六万人の就業者数増加があったというのに、「戦後最長の好景気」の始まった五年間には、「就労状況不明者」という調査にきちんと答えないいい加減な連中を全員就業者であるとみなしても、一五万人の就業者数増加しかない。つまり、景気以外に何か要因があると考えなければ、早い話が人口の波というような要因が景気とは別にあることを理解しなければ、ここまで大きな景気と雇用のギャップは説明できないのです。

ちなみに最近は退職者や専業主婦がパートタイムで働くという例が増加しているので、〇〇―〇五年にも非正規雇用がある程度増えたことは間違いありません。しかし「就労状況を回答しなかった人間の九割もが就業者（非正規雇用含む）であり、仕事のない人は一割しかいない」、ということは実際には考えにくく、本当のところでも就業者数の絶対数は減っていたと推測されます。

「生産年齢人口の波」が決める就業者数の増減

戦後の生産年齢人口と就業者数の増減の推移をグラフにまとめてみました（一三三頁図23）。日本経済が本当の意味で景気循環の直撃を受けた第一次石油ショック前後の五年間（七〇―七五年）を除けば、この二つの数字はストレートな相関を見せています。「就職氷河期」だった九〇―九五年に生産年齢人口と就業者数がともに増えていたという実態をよくご確認ください。他方で一三三頁下の図24のグラフの通り、ほとんどの時期において完全失業者数と就業者数は同時に増えたり減ったりしていたのです。経済学をかじると、「失業と就業は逆の動きをする」と思い込みがちですが、この公式が戦後日本においてはまったく妥当しない空論であったことは、国勢調査結果から一目瞭然です。

つまり恒常的に失業率の低い日本では、景気循環ではなく生産年齢人口の波、つまり「毎年の新卒就職者と定年退職者の数の差」が、就業者総数の増減を律し、個人所得の総額を左右し、個人消費を上下させてきたわけです。これを理解せず、就業者数増減を見ないで（失業者数増減さえも見ずに）失業「率」と有効求人倍率で景気を論じるというのが日本で広く見られる謎の慣行であるわけですが、そういう景気判断が、就業者数に連動している日本経済の現実とずれるのは当たり前です。

よくおわかりにならない方のために解説しましょう。人間は就業者と失業者だけではありません。人口の四割以上を占める子供や学生や主婦や定年退職者は、そのどちらでもない「非労働力人口」に分類されています。そして戦後日本では、この非労働力人口（＝子供＋学生＋主婦＋定年退職者）の増減が、就業者数の増減と対になっています。失業者から就業者に転じる、あるいは就業者から失業者に転じるという人よりも、学校を卒業して就職する、主婦がパートで働き始める、定年退職する、パートを解雇された女性が仕方なく主婦に戻るというケースの方が圧倒的に多いからです。そして戦後日本では好景気の時期、不景気の時期にかかわらず、歴史的事実として、新規学卒者の圧倒的多数が就業できてきました。そのため、「一五―二五年ほど前の出生者数の増減」に呼応して新規学卒者が増減するのに伴い、まして、景気とは無関係に新規就業者数全体も増減してきたのです。企業の側から言えば、新卒の多い時期には目先の生産性低下を甘受して若者を採用しておくという行動を、当たり

図23　生産年齢人口増減と就業者数増減の関係

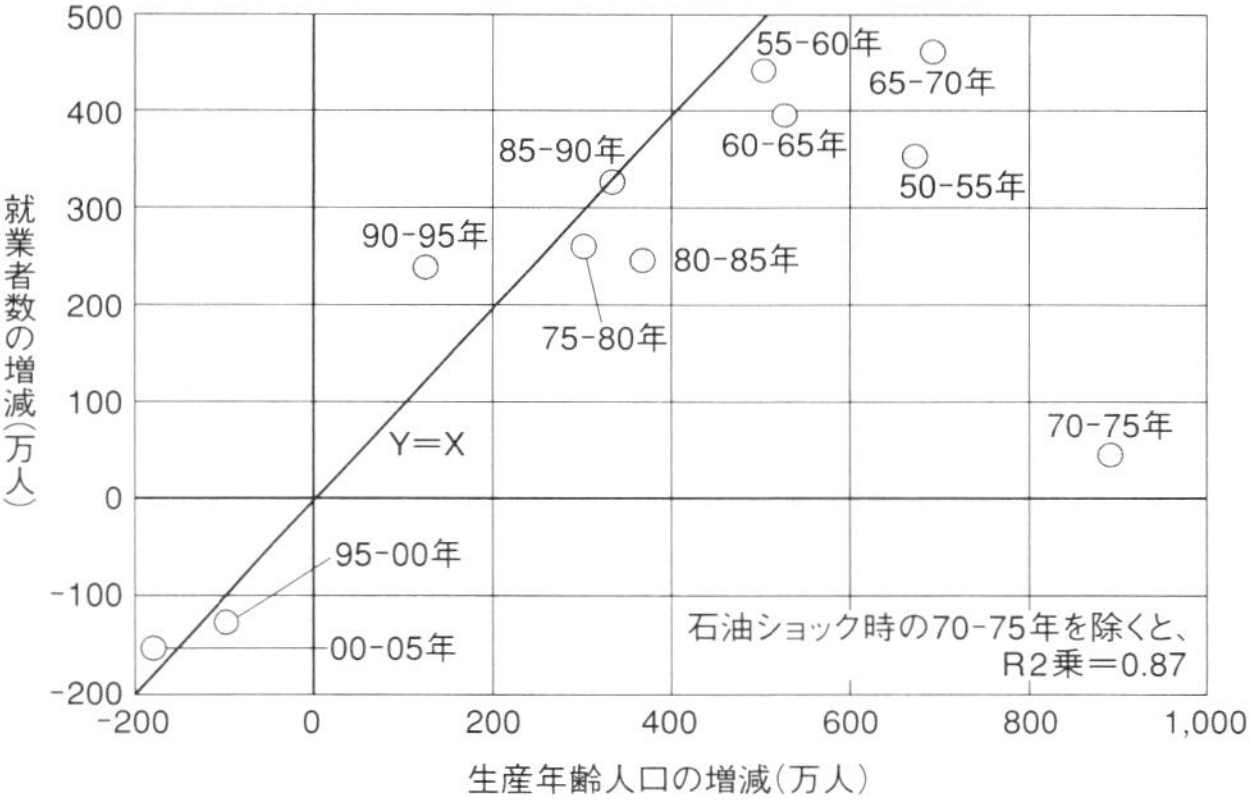

［資料］総務省「国勢調査」

図24　完全失業者数増減と就業者数増減の関係

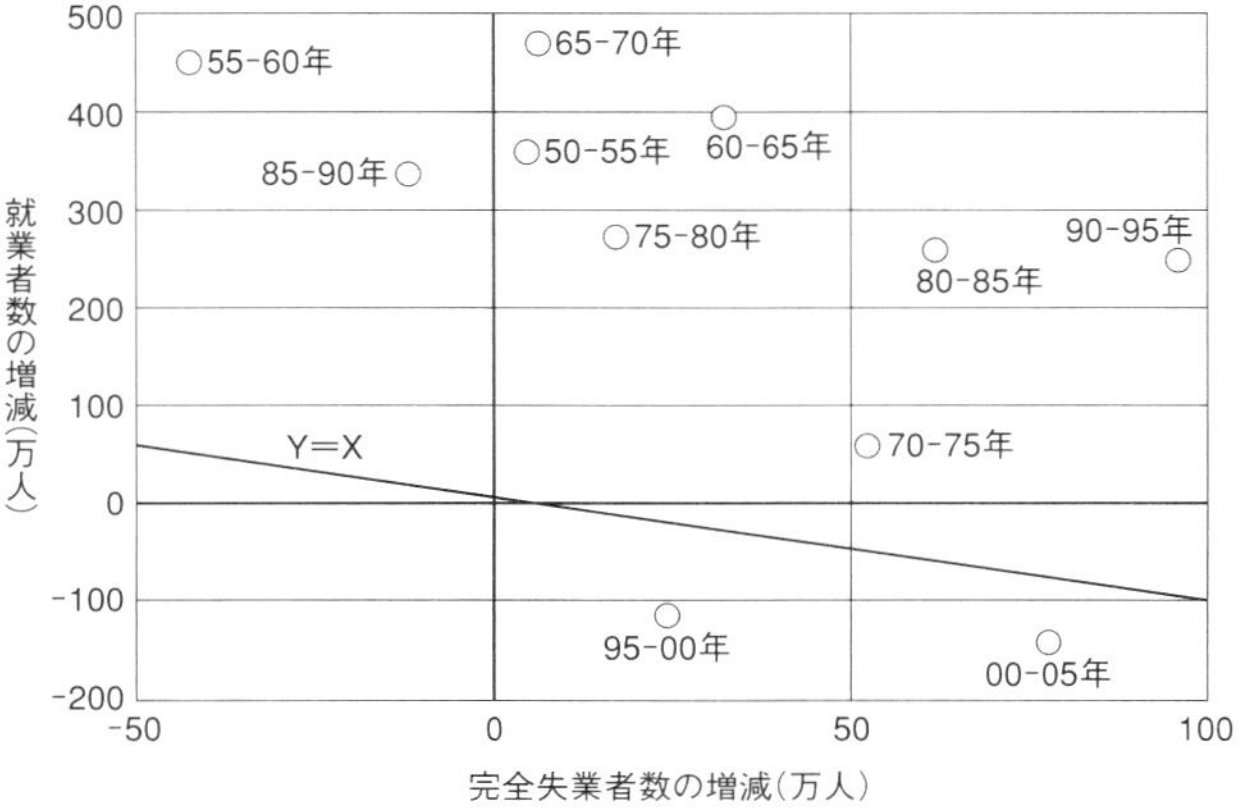

［資料］総務省「国勢調査」

前のように（無自覚に）取ってきたということです。

「就業者数は主として景気に連動する」という思い込みは、失業率がときに五割にもなるというような国では通用するのでしょうが、失業率が一桁《けた》にとどまっている日本のような国では妥当しません。失業者数の増減を見ているだけでは、就業者数が増えているか減っているかはまったく不明なのです。

二つのグラフの上の方をご覧ください。九五年以降の日本では、九五―〇〇年という総じて言えば大変な不況の時期、〇〇―〇五年という総じて言えば景気が上向き始めた時期に共通して、生産年齢人口が減り続けています。この間子育ての一段落した主婦や退職した高齢者の再就職は増加しているはずなのですが、それでも最終的に退職していく高齢者の数を新規就業者の数が下回る状態に変わりはなく、就業者数は大きく減り始めました（図には示していませんが、就業状態不明者を全員就業者であるとみなして足した場合は微増になります。ただし九五年以前とまったく離れて、著しくグラフの左下に寄るという点は変わりません）。下のグラフを見ますとこの時期は失業者も増えていますが、失業者数の増加分で説明できるのは就業者数の減少分の半分程度です。

この「生産年齢人口減少に伴う就業者数の減少」こそ、「平成不況」とそれに続いた「実感なき景気回復」の正体です。戦後一貫して日本を祝福してくれていた「人口ボーナス」が

図25　日本在住者の年齢：2015年＝5年後

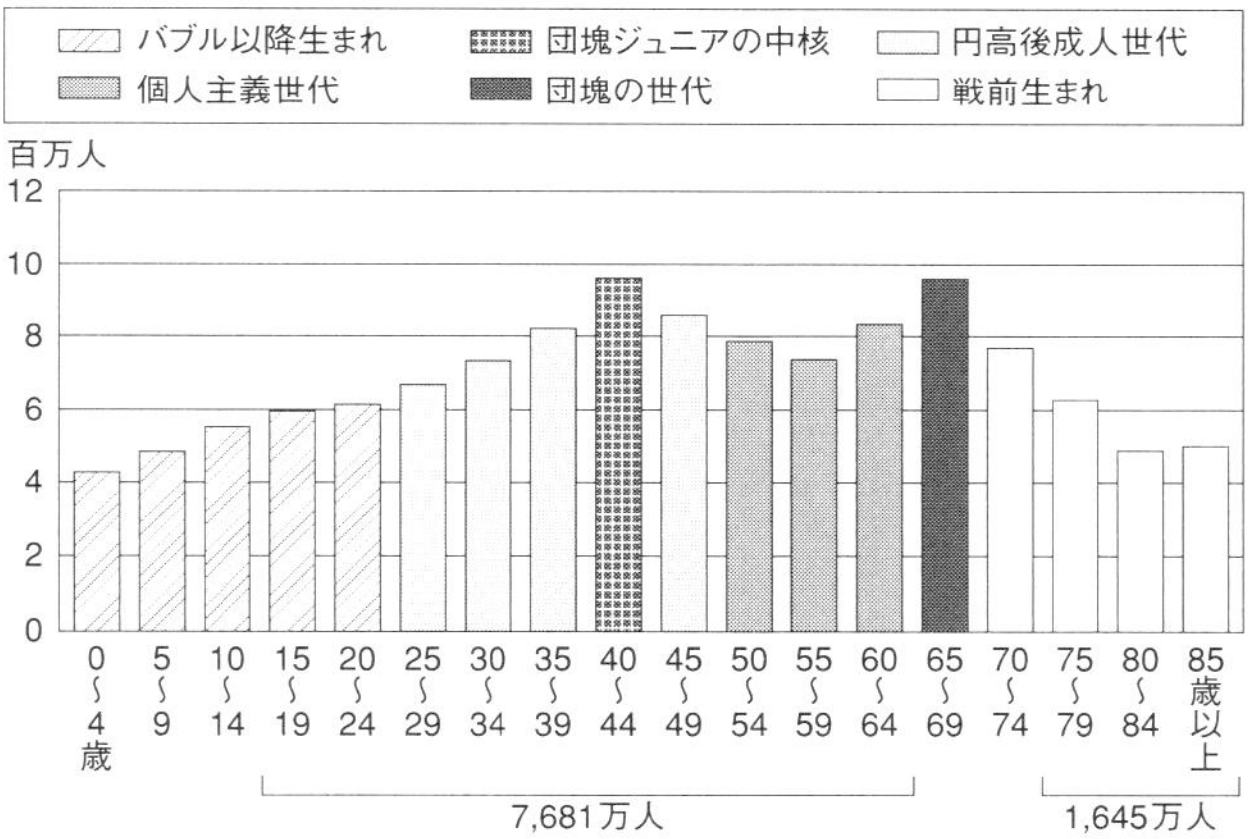

［資料］国立社会保障・人口問題研究所中位推計　［注］外国人含む

九五年頃に尽き（新規学卒者∨定年退職者という状況が終わり）、以降は「人口オーナス」の時代が始まった（新規学卒者∧定年退職者の時代になった）ということです。

前に述べた国内新車販売台数に、小売販売額に、雑誌書籍販売部数に、国内貨物総輸送量に自家用車による旅客輸送量に、蛋《たん》白質《ぱくしつ》や脂肪の摂取量に、国内酒類販売量に、一人当たり水道使用量。これらがいずれも九六年から〇二年にかけて減少に転じたのは、正にこの「人口オーナス」の直接的な表れです。この現象を消費者の側から言えば「昔ほど車を買わない、そもそも以前ほどモノを買わない、最近余り本や雑誌を読まない、モノを送らなくなったし車にも乗っていない、近頃余り肉や脂を食べないし

図26　日本在住者の年齢：2025年＝15年後

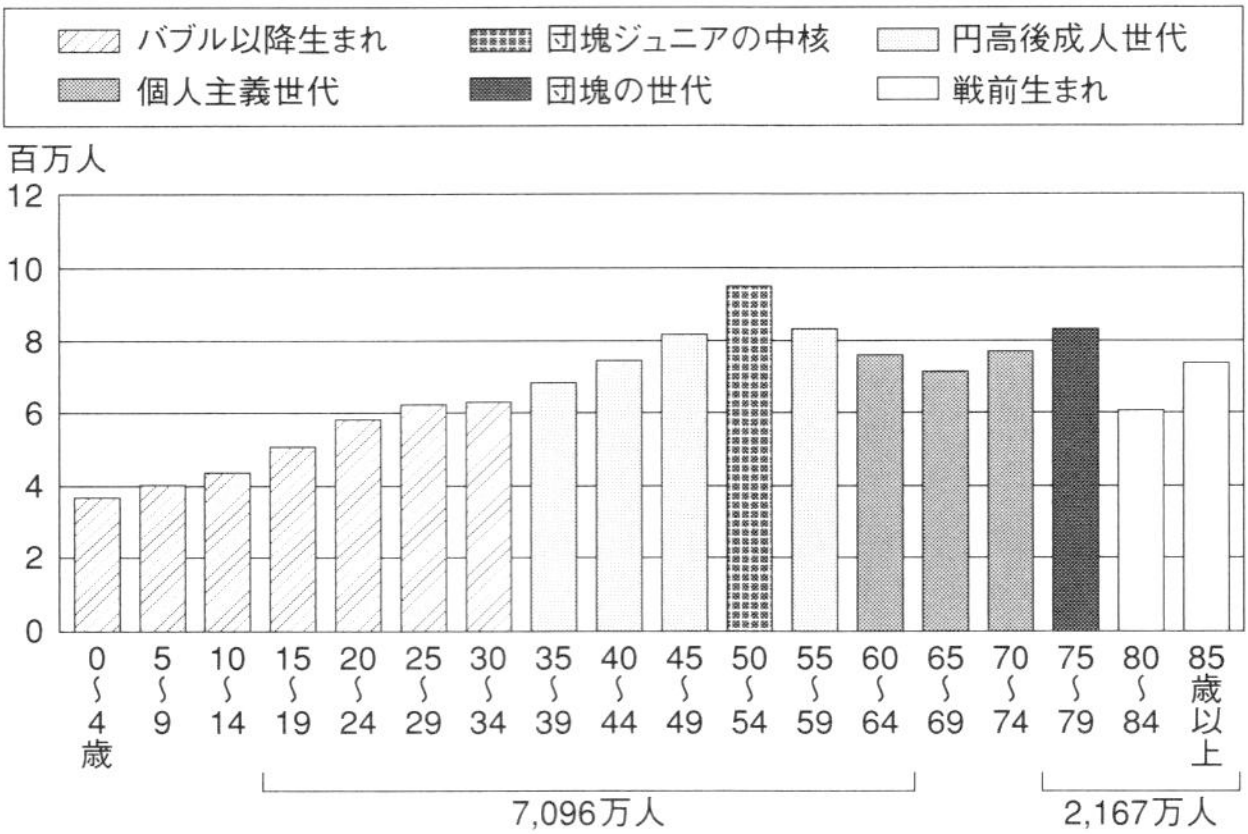

［資料］［注］図25に同じ

酒量も減った、水も昔ほど使っていない」ということです。これは正に退職後の高齢者世帯の消費行動そのものではありませんか。

それでは足元の「一〇〇年に一度の不況」のウラでは、生産年齢人口はどうなっているのでしょうか。〇五―一〇年には、団塊ほどではありませんが八五〇万人を超える戦時中生まれの世代が六五歳を超え、バブル以降に生まれた六〇〇万人ほどが一五歳を超えました。両者のギャップ二五〇万人は過去最大であり、その分だけ生産年齢人口が減少しています。アメリカ発の世界同時不況も、それに伴う輸出への打撃も、一〇〇年に一度のレベルかは怪しいですが、ひどいものであることは否定しません。で

図27　日本在住者の年齢：2050年＝40年後

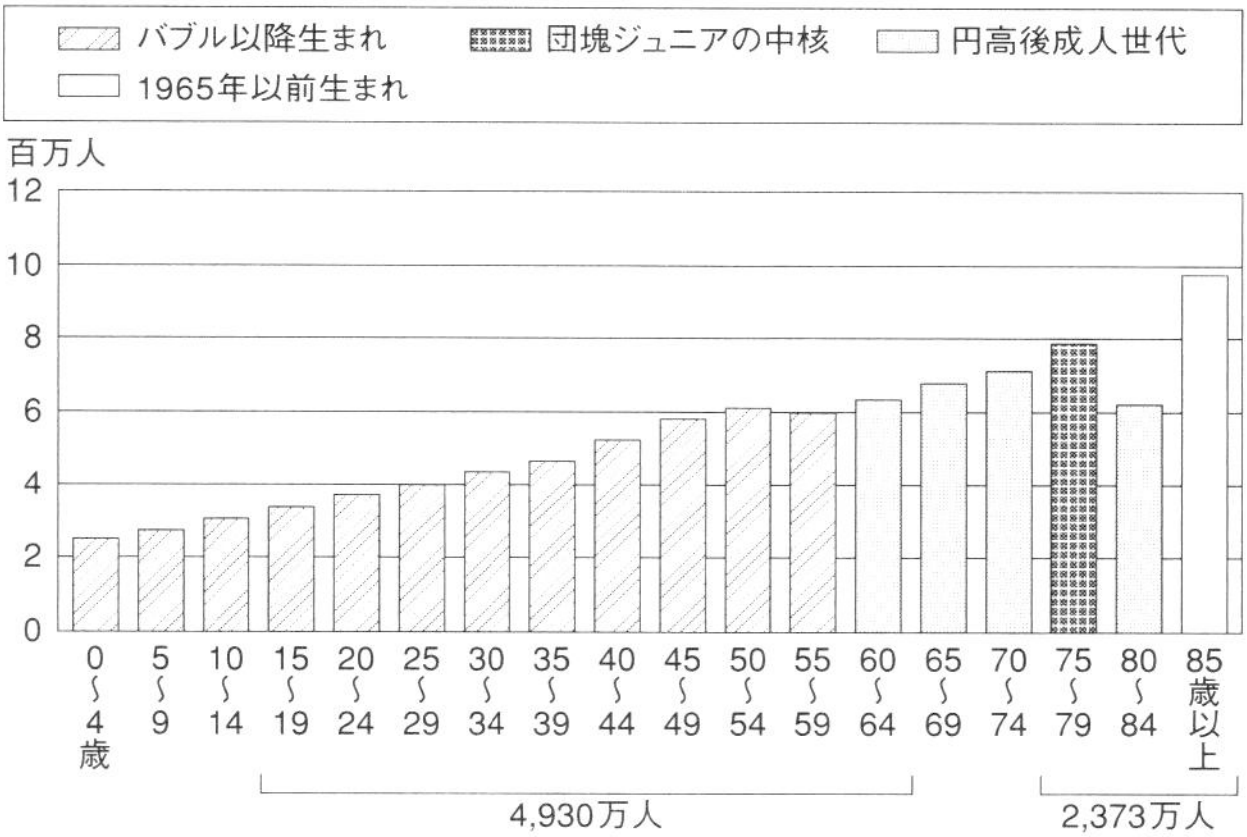

［資料］［注］図25に同じ

すが仮にそれが起きなかったとしても、足元の五年間には日本史上最大の、つまり「二千年に一度」の生産年齢人口減少が起きていることに変わりはないのです。つまり日本がさらに深刻な内需不振になることは、どのみち避けられなかったと申せましょう。まだしも日本の内需の一人負けにならず、世界同時不況になったことは救いかも？しれません。

さらに一〇―一五年には、史上最大勢力の団塊世代が六五歳を超えます。実際には彼らの一次退職は足元の五年間にもう始まっているので、経済への影響はすでに出ているのですが、彼らのほとんどが最終的に無職になっていくこれからの五年間こそ、日本が史上最大の「人口オーナス」を経験する時期となります。社人研の中位推計では生産年齢人口が五年間で四四八万人減少します。この予測は日本在住の外国人を含むものでして、もちろん一定ペースの外国人流入を見込んで計算されていますが、後でもお話ししますが輸出景気の〇〇―〇五年あたりでも毎年の定住外国人増加は六万人程度でしたから、五年で四〇〇万人以上もの減少を補うような流入が突然起きることは到底望めません。

車や小売商業施設だけでなく、住宅やオフィス、土地そのものも、空き物件の過剰と、さらなる価格の低落に直面することが不可避でしょう。もちろん税収面への影響も深刻です。個人所得税収が下がるだけでなく、消費水準が下がるので消費税も伸びません。そして何より、住宅やオフィス、土地そのものの過剰が、価格低落を加速させ、固定資産税収を減らすことになります。

さらにその先も、生産年齢人口の減少と七五歳以上の後期高齢者の増加が続いていきます。団塊世代が七五歳を超える二五年には、七五歳以上人口が今の五割増しくらいの水準まで達してようやく横ばい傾向になりますが、それでも生産年齢人口の減少は止まりません。団塊ジュニアまでもが七五歳以上に達する五〇年、四〇年後には、七五歳以上人口は再び史上最高を更新、他方で生産年齢人口は現在の六割程度にまで減っています。他人事《ひとごと》ではありません。皆様の多くは、生きてこの時代を目撃することになるのです。

「好景気下での内需縮小」が延々と続く

このように生産年齢人口が一方的に減っていく今世紀前半、日本経済ではどのようなことが起きるでしょうか。足元では「一〇〇年に一度の不況」の決まり文句の下に雇用情勢の深刻化が伝えられていますが、雇用不安のうち輸出不振によって生じた部分は、今後まだ十数年は人口ボーナスを享受できる中国を先頭としたアジアや、中南米、資源国などでの需要の回復によって、一—二年以内に緩和されていきます。そしてその先には、またまた数字上の「好景気」と実態としての「内需縮小」が、同時に延々と続くということになります。この間までの「戦後最長の好景気」の下で観察された現象が繰り返されるのです。

どういうことが予測されるのか、もう少し論理的に順を追って説明しましょう。

まず初めに、定年退職者＞新規学卒者という状態が続くところへ輸出産業が復調してくれば、人気のない職種では恒常的な人手不足が続き、有効求人倍率が高止まりして、数字上は「好景気」という判断材料になります。実際問題、「一〇〇年に一度の不況」とか言っていますが、農林漁業の現場や高齢者福祉の現場ではまったく人手が足りていません。流通関係もだんだんにそうなりつつあります。彼らの払える給料では若者は集まらないのです。ということで、数字上だけの「景気対策」として、一次産業や福祉関係の零細事業者に、低賃金労働の求人票をきちんとハローワークに出すようにお願いして回れば、その地方の有効求人倍率は必ず大きく上昇するでしょう。冗談のようですが、直接景気に関係する就業者数ではなく、間接性の極めて高い有効求人倍率を指標にしているような今の計算方式では、実際にそのような数字の操作が可能です。

にもかかわらず、生産年齢人口が減少を続けますので、国内の雇用の大部分を占める内需型産業は恒常的に供給過剰状態となり、業績は回復しません。そのために若者は低賃金状態に置かれ続け、失業状態を挟みながら転職を繰り返しますので、失業率も高止まりします。さらには定年退職者>新規学卒者という状況が続くわけですから、有効求人倍率や失業率には関係なく、就業者総数も年々減少することに変わりはありません。これはすでに戦後の実数の推移をお見せした通りです。でも、就業者総数を見ることなく有効求人倍率と失業率だけを景気判断の材料にしておけば、「一勝一敗でまずまずの景気」というような議論が可能になります。

ところで、定年退職者>新規学卒者という状況の下でも、世界の景気にさえ変調がなければ輸出競争力のある商品は売れ続けます。輸出製造業は、設備投資を増やし減っていく人員を機械で置き換えますので、人件費削減＝生産性や企業収益の向上という果実を手にすることになります。収益の改善は、配当や株価の上昇という形で、これら企業の株主である高齢富裕層の個人所得も増やします。設備投資の増加、企業収益の向上、個人所得の増加はいずれも計算上の「好景気」を後押ししますので、必然的に、「輸出に強い製造業の立地している地域は好景気、そうではない地域は不景気」という「地域間格差」が観察されることになります。〇七年までの「戦後最長の好景気」下では、正にそのようなことが国民全体の通念になりました。

ところが実際には、「好景気」の勝ち組とされていた首都圏や名古屋圏でも、小売販売額は伸びませんでした。定年退職者＞新規学卒者であり、生産年齢人口と就業者総数がともに減少している以上、現役世代の受け取る雇用者所得は減少を続け、内需も縮小し続けるからです。逆に言えば、明らかに就業者数が増えず内需も不振であるものを、設備投資や企業収益が増えているので「好景気」であると強弁し続けられたところに、計算過程にいろいろ性質の異なる数字を寄せ集めた「総合指標」であるＧＤＰの大弱点があるわけです。ＧＤＰだけでなく就業者数や小売販売額を見ていれば、事の真相はずっとクリアになったのに。

日本人の加齢に伴う人口の波は、地球温暖化による海面上昇のように、場所の違いを問わず、すべての存在を同時に直撃しているわけです。

第7講　「人口減少は生産性上昇で補える」という思い込みが対処を遅らせる

一九九〇年代半ばを境に、「生産年齢人口の波」の減少局面に突入した日本。定年退職者の増加→就業者数の減少によって内需は構造的な縮小を始めました。

ところが一般の日本人は、それどころか本を書き、テレビでしゃべり、企業を経営し、国会で議論するような立場の人であっても、ほとんどが「生産年齢人口の波」の存在に気づいていない。仮に気づいていてもその重大な影響に思い当たっていない。なぜなのでしょう。

それは、「いくら生産年齢人口が減少しようとも、労働生産性さえ上げられればＧＤＰは落ちない」というマクロ経済学の絶対的な定理が、「ＧＤＰさえ成長していれば、それが世の隅々に波及して皆がハッピーになる」という思い込みと合体しまして、日本の経済関係者の間に究極の油断を生んでいるからなのです。

後者の、「GDPさえ成長していれば、それが世の隅々に波及する」という思い込みに突っ込むのは後に回しまして、ここでは「いくら生産年齢人口が減少しようとも、労働生産性さえ上げられれば、GDPは落ちない」という命題の間違いを指摘しましょう。

「生産性」と「付加価値額」の定義を知っていますか?

労働生産性(皆さん普通は「生産性」と略しておっしゃっています)というのは、先ほども使いましたが労働者一人あたりのアウトプットのことです(正確には付加価値額ですが、それが何なのかは後述します)。そして、機械化なり技術革新なり経営革新なりで一人の労働者が同じ時間内に生み出せる製品やサービスを増やしていく限り、どんなに労働者が減ろうとも経済は衰退しないというのが、現代日本では誰もが否定しようとしない定理なのです。

納得されましたか? 「少なくとも理論的にはそうなるのだろうな」と思われた方、よくよくお気をつけて以下をお聞きいただき、じっくりお考えになってみてください。

ある産業、あるいはある企業の付加価値額を労働者数で割ったものが労働生産性ですが、では付加価値額とは何でしょう。イメージ先行で使われていて多くの人が定義を確認していませんが、これは企業の売上のことではなく、儲《もう》けだけのことでもありません。企業の利益に、その企業が事業で使ったコストの一部（人件費や賃借料などのように地元に落ちた部分）を足したものです。ちなみに地元というのは地域の場合も国内の場合もありますが、日本のＧＤＰと言っている場合には国内全体です。こういう定義なので、企業が最終的に儲かるほど付加価値額は増えますし、最終的にはトントンだったとしても途中で地元に落ちるコストをたくさんかけていればやはり付加価値額は増えます。逆に薄利多売でマージンが低く、機械設備ばかり増やして人件費もかけず、しかもその機械設備も原材料も他所から調達しているようでは、儲けも出なければ地元にお金も落ちないので、付加価値額は増えません。

なぜ利益だけではなく、地元に落ちるコストも付加価値に算入するのでしょうか。地元に落ちるコストとはすなわち、同じ地元の別の企業の売上や従業員の収入ですから、特定の企業にとってはマイナスであっても地域経済全体で見ればプラスになるのです。地域経済全体が元気になれば、結局巡り巡って自分の業績も伸びます。江戸時代の商売人は直感的にこのことがわかっていて、「金は天下の回り物」と言っていました。自分が使ったお金は誰かの儲けに回り、その儲けた誰かがまたお金を使ってくれることで自分の儲けに戻ってくる。お互いにお金を使いあうことで経済は元気になる。そういう貨幣経済の基本を、江戸時代の日本人も、付加価値の定義を考えた西洋人も体得していたのです。

それでは皆さん、付加価値についての理解度のチェックを兼ねて、頭の体操をしてみましょう。以下の産業を、売上の割には付加価値額の高い順に、つまり付加価値率（＝付加価値額÷売上）の高い順に並べてみてください。数字は日本の上場企業（つまり大企業だけですが）の決算の合計によるものとします。ここでの地元は日本全体です。

つまりこれは、「売上の割にGDPに貢献する度合いが高い産業」はどれか、というクイズでもあります。冒頭から「GDPさえ拡大すれば世の隅々まで元気になる」というのは単なる思い込みだと申し上げてきましたが、「個別の指標が改善した結果としてGDPが上昇するのは結構なこと」ともお話ししていますね。付加価値率の高い産業が繁栄することは、人件費などを増やして内需を拡大させ、結果としてGDPも上昇します。

①自動車（部品を除いて完成車組み立ての大企業のみとする）
②エレクトロニクス
③建設
④食品製造
⑤小売（百貨店、スーパー、専門店チェーン、通販など）
⑥繊維・化学・鉄鋼
⑦サービス（飲食業や宿泊業、清掃業、コンサルティングサービスなど）

もしかして皆さん、並んでいる順だと、つまり①の自動車が一番付加価値率が高くて、次が②のエレクトロニクスで、⑦のサービスが一番低い、と感じませんでしたか？　それは逆です。⑦のサービスが一番付加価値率が高くて半分近くもあり、①の自動車が一番低くて二割を切っています。ただし自動車が重要でないといっているわけではありません。付加価値率は低いですが売上の規模がそもそも大きいので、GDPへの貢献は実額としては大変なものがあります。とはいっても、効率は非常に悪いですね。

このクイズに正解する人は本当に少ないです。「ハイテク＝高付加価値」という思い込みがいかに強いことか。実際には、人間をたくさん雇って効率化の難しいサービスを提供しているサービス業が、売上の割に一番人件費がかかるので付加価値率が高いのです。

モノづくりに限ってみても、外国との多年の競争の中で、高く売れる商品の小ロット多品種製造にシフトして来ざるを得なかった素材型産業、繊維・鉄鋼・化学の方が付加価値率は高いわけです。エレクトロニクスや自動車は、大量に同じ商品を作って売りさばこうというモデルから抜けられていないので、価格競争に陥ってしまってマージンが非常に薄い。生き延びるためには人をさらに減らしてコストダウンせざるを得ない。収益率も人件費率も低いので、付加価値率が低いわけです。

ここにも明らかなように、いくら素晴らしい技術があっても、その価値を価格転嫁できない限り付加価値にはなりません。付加価値額が増え付加価値率が高まるかどうかは技術力にではなく、その商品が原価よりも高い値段で売れてマージンを取れ人件費を払えるかどうかにかかっています。時計など典型ですが、手巻きや自動巻きの方が正確無比なクオーツよりも価格が高いですよね。つまり同じような商品が供給過剰に陥ってはいないことと、顧客側の品質への評価が高い分を価格転嫁できていること、総じて言えば「ブランド」が高いかどうかが、内需そしてGDPが拡大する決め手なのです。

重大な問題なのでついでにここで話してしまいますと、この付加価値額の定義は、ちょっと前に流行《はや》った「株主資本主義」に構造的な問題があることを示しています。

株主にもいろいろありまして、「長期的に株を持ち続ける意思があって、会社の長期的な収益性確保を願っている」というのであればいいのですが、「短期間に値上がりした株を売り抜けたいのでなんとかしろ」というご命令をしてくる人もいる。後者の言う通りにしようとすれば、企業として採るべき態度が変わってきます。早い話、「後の方での副作用はどうでもいいから、俺が株主になっている間だけは収益を上げろ」というご命令であれば、付加価値額なんてどうでもいいのでして、人件費以下地元に落ちるコストをなるべく削って、足元の四半期の自社の利益だけを高くした方がいいのです。事実ここのところ、日本の大企業の多くがそういうやり方をしていますね。

その結果どうなるでしょう。人件費を削り納入企業を買い叩《たた》き、とお互いにコストダウンに邁進《まいしん》しているうちに、お互いの売上が減り、日本の企業社会全体の付加価値額が停滞します（つまり日本のGDPが伸び悩むようになります）。叩かれた側、労働者や納入企業も他の誰かの顧客であるわけですから、彼ら相手の誰かの売上が下がり、巡り巡って、自分の会社の売上にも構造的な打撃が出てくるわけです。つまり株主資本主義なるものは、短期的視野の株主と長期的視野の株主を同等に扱うという現状のやり方を放置している限り、GDPの停滞ないし減少を不可避的に招くのです！

正確には、それで儲けた株主がその分国内で何か他のものを消費してくれれば、その他何かの売上がGDPを支えることになります。そういう空論をタテに「プラスマイナスは同じだ」と言い張る人もいるでしょう。確かにアメリカであればそういうことが起きるのかもしれません。でも日本では、〇八年中の一一〇兆円の金融資産の減少を日本人の個人資産家が座して見ていたことに象徴される通り、多くが高齢者である投資家はさらに投資額を増やすことばかりに関心があって、豪邸一軒、車一台新たには買いません。パーティー一つしないのですから、内需は縮小の一途です。所得が低く消費性向の高い従業員に払う給料を削って、何も消費しない金持ちに配当を回す仕組みは、倫理的にいかがなものかという問題もありますが、それ以前に企業の利潤追求の観点からもナンセンスなのです。

ちなみに、旧来の従業員共同体が漫然と行う企業統治を勧めているのではありません。従業員共同体支配に年功序列制度が加わると、同じ従業員の中でも古参株の人たち、ひどい場合にはOBの利害だけが優先される、とても非効率的な経営体制ができてしまいます。

これを壊すのに株主資本主義を持ち出してくるのは、しかし、時代遅れです。技術革新でモノが過剰生産基調となり、時代のイニシアチブは供給側から需要側、企業の側から顧客の側に移りました。企業が誰のものであろうが、顧客に価値を提供しその対価に利益を挙げることのできる企業だけが生き残ります。それがわからずに、株主だの、従業員共同体だの、経営者だの、いずれにせよ供給側に立っている誰かの都合を、顧客側の満足に優先させようとするすべての企業は、市場経済の中で淘汰《とうた》されていくだけです。

顧客側が供給側よりも強い時代に、従業員共同体優先の企業はもちろん生き残れませんが、一人で死ぬだけまだ可愛いものです。短期保有目的の株主を最優先する企業ともなれば、顧客ではなく供給側の内輪のメンバーにすぎない株主の目先の利益のために、人件費などの地元に落ちるコストを削って社会全体の付加価値を下げますから、顧客側に回ったかもしれない第三者の購買力までをも多少なりとも破壊してしまいます。つまり自分の死に経済社会まで巻き込んでしまうわけです。

生産年齢人口減少→付加価値額の減少を、原理的に補いきれない生産性向上

さて、そのような付加価値額を労働者数で割ったものが労働生産性です。「生産年齢人口が減っていても、労働生産性さえ上げていくことができればGDPは減少しない」というのが、私がそもそもここで正否を検討しようとしている命題でしたね。

そこで労働生産性を上げる方法ですが、分数ですので、分子である付加価値額をブランドを向上させるなどの努力によって増やすという道もあれば、分母である労働者の数を機械化などを進めることで減らすという方法もあります。しかしブランドを上げて付加価値額を上げるというのは、お客様次第の面が大きく容易ではありません。そこで日本企業は、労働者を減らす方にばかり走るわけです。しまいには、生産性向上イコール労働者削減であると勘違いをする人まで出てくる始末です。

マイケル・ポーターという有名な経営学者が来日したときに、官庁関係の講演会で話をしました。そこで彼は、生産性向上の成功例として、カリフォルニアワインを挙げたのです。評価の低かった米国産ワインですが、人手をかけ品質を向上させることで、ものによってはフランス産と同等以上のブランドを得ることに成功し、値上げができた。そのことが付加価値額を増やし、これにかかる人手の増加をも打ち消して生産性を高めたというわけです。

私はそのときの講演録を読んだことがあるのですが、質疑応答のところをみると日本側の

偉い人からずいぶんとんちんかんな質問が出ていました。その方を含めた聴衆の多くが生産性や付加価値の定義を確認しておらず、「生産性というのは技術革新で人手がかからないようにすることによってのみ、つまり労働者を減らすことによってのみ向上するものだ」と信じ込んでいたために、そもそもハイテクとは程遠いワイン産業が生産性向上の典型例として出てきたことがなぜなのか、理解できていなかった。「人手をかけブランドを上げることでマージンを増やし、付加価値額を増やして生産性を上げた」というポーターの説明が伝わらなかったのです。ポーターにしてみれば、聴衆の中の偉い人までもが生産性の定義を誤解しているとはまさか思わないので、これまた何を聞かれたのかわからずにトンチンカンな答えを返していました。国内だけに存在する「空気」に染まってモノを考えていると、国外にまったく通用しなくなってしまうという現象が、典型的に露呈した場でした。

ことほどさように、日本では生産性向上といえば人員削減のことであると皆が信じ込んでいます。ところがお気づきでしょうか。生産年齢人口の減少に応じて機械化や効率化を進め、分母である労働者の数を減らしていくと、分子である付加価値額もどうしてもある程度は減ってしまうということを。付加価値の少なからぬ部分は人件費だからです。

正確に言えば、労働者の数を減らすのに応じて一人当たりの人件費を上昇させ、人件費の総額を保つようにすれば、付加価値額は減りません。あるいは人件費は減ったとしてもその分がまるまる企業の利益として残れば（つまりマージンが拡大すれば）、やはり付加価値額の全体は減らないはずです。

しかしながら、車でも住宅でも電気製品でも外食産業でもそうですが、消費者一人当たりが買う量が限定されているような多くの商品に関しては、そうはいかないのです。なぜか。生産年齢人口の減少に応じて消費者の数が減っていくのに、生産力は機械化によって維持されてしまいがちだからです。その結果売れ残る在庫を、必ず安値で処分（最悪の場合廃棄）しなければならなくなる。そのようなことを繰り返せば繰り返すほど、マージンは拡大するどころか下がって行きます。人件費だって増やしている場合ではないということになり、ベースアップは維持するにしても退職者の増加に連動して会社の人件費総額を下げるのは当たり前、ということになります。つまりは、収益率も人件費率も低くなって、付加価値額・付加価値率も下がり、生産性の上昇はその分阻害されます。ということで、生産年齢人口の減少は、現実の企業行動を経由して、不可避的にＧＤＰの減少を招いてしまうのです。

もちろん、車や住宅、電気製品といった、消費者一人当たりが買う量が限定されているような商品が日本経済の中心的な存在となってきたのでなければ、極端なことを言えば日本の主産業が、金細工や古美術売買や国際金融のように顧客の頭数と売上に関係ないようなものばかりであれば、私が言っているようなＧＤＰの縮小は起きなかったとも言えます。ハーレーダビッドソンのオートバイだのフェラーリだのも、車というよりは好きな人が何台も趣味で買う一種の芸術品なので、日本での売上はむしろ増えています。そういう産業が発達して日本経済の中核を成していれば良かったのですが。

でも戦後の日本では、団塊世代と団塊ジュニアのおかげで、著しい生産年齢人口増加の波が押し寄せてきていました。そのため、生産年齢人口の頭数に連動して売れるような商品、たとえば普通の車だの住宅だの電気製品だのの需要が非常に高まり、それらを供給する生産力が、本来定常的に考えて必要な量以上に発達してしまったのです。それがGDPを本来の日本の実力以上のペースで押し上げてきました。それゆえに、生産年齢人口減少のステージになってみれば、本来の実力に見合ったところまで生産力もGDPも落ちていかざるを得ない。経済学の普通の想定を超えた急速な成長があった以上、今度は経済学の普通の想定を超えた縮小があってもおかしくないわけです。

ということで今起きているのは景気循環上の不景気だけではありません。それに上乗せで、人口ボーナスによって想定以上に膨れ上がった特定産業の生産力が、人口オーナスの下でも維持可能なレベルにまで回帰していくという過程が、同時進行しているのです。

「生産性向上」努力がGDPのさらなる縮小を招く

ところが、このように放っておいても生産年齢人口減少とともに進行して行く経済の縮小を、さらに加速させるとんでもない行動が、あろうことか今の日本では奨励されています。人員合理化、つまり「労働者数を減らして生産性を高める」という企業努力です。

確かに人を減らせば生産性という分数自体の値は上がりますよ。でも分子の付加価値額（その集積が国全体のGDPです）は、その過程で大なり小なり下がります。つまり「生産性」という途中経過にすぎない変数の上昇を金科玉条にした結果、生産性を上げる過程で、本当は一番重要なはずのGDPの絶対額を下げてしまっているわけです。

単純な数字で考えてみましょう。ある企業が、労働者数を一〇〇から九〇へ、一割減らしたとします。その分いささかなりとも人件費を浮かせて製品単価引き下げの原資としますと、人件費が減った分が全額内部留保に回ったことにはなりませんので、付加価値額はわずかかもしれませんが下がります。そうですね、一〇〇から九九に一％だけ下がったとしましょうか。正確には、単価が下がった分販売量が増えて、売上や内部留保も増えるというケースもありうるのですが（価格弾性値＞一の場合。特割発売後の国内航空などがそうでした）、皆がそういう路線に走りますと今度は単価低下を販売量増加では補えなくなり、売上も内部留保も減っていきます（価格弾性値＜一の場合。現在の国内航空はもちろん、外食産業も小売業も多くの製造業も軒並み、このワナにはまっています）。さてこの例の場合、労働者数は一〇％下がったのに付加価値は一％しか下がらなかったということなので、生産性は〇・九九÷〇・九＝一・一と、一〇％も上昇したことになりますね。にもかかわらずこの会社が生み出す付加価値の絶対額は一％下がっています。ということはこの会社の人員合理化は、日本のＧＤＰ（＝Σ《シグマ》各経済主体の生み出す付加価値の総和）にとってマイナスになりました。生産性を上げたことがＧＤＰを下げたわけです。

それでも輸出製造業であれば、値下げにより価格弾性値がまだ一を上回っているような海外市場を開拓して内部留保を増やせるかもしれません。でも気をつけなくてはならないのは、内需対応の非製造業です。日本の非製造業は、国際的に見て極めて生産性が低いといつも声高に指弾されています。ですがこれは人を減らすことが難しいからそうなっているのではありません。小売業も外食業も観光業も、福祉もＩＴ関連も専門サービス業も皆そうですが、生産年齢人口減少＝消費者の減少の下で過当競争に陥り、コストをなかなか価格転嫁できず、生産性の分子である付加価値額が目減りしているために、生産性も下がっているのです。そういう産業では、人員削減は付加価値額をさらに下げるだけです。

理屈ばかり言うのはやめて、実数をお示ししましょう。一部上場製造業一〇九〇社と、非製造業七四二社の単独決算を合計した数字を、九六年度から〇六年度まで作ってみました。

九六年というのは、日本の生産年齢人口が減少に転じ始めた年です。高度成長期に多くの若者を雇った製造業では、〇六年度までの一〇年間にその層の退職が進み、従業員数が二一％、人件費が一四％も減少しました（図28）。しかし〇一年度までは従業員数が減ったのに生産性は向上しませんでした。人件費減に加え、内需成熟で内部留保も減少し、付加価値額が減り続けたからです。他方で〇二―〇四年度には輸出主導の好景気が始まり売上高と内部留保が増えたために、付加価値額も若干上昇しましたが（〇一―〇四年度で六％増）、生産性の上昇ペース（〇一―〇四年度で一八％増）には遠く及びませんでした。引き続き従業員数も人件費総額も減っていたからです。〇五―〇六年度にはようやく従業員数と人件費が微増に転じ付加価値額も増加が加速しましたが（この背景には当時ちょうど六〇歳を迎えて一次退職していた四五―四六年生まれの、前後の世代に比べての数の少なさもあります）、その分生産性の伸びはやや鈍化しました。九六―〇六年度を通して見ても、生産性が二六％も増えたのに付加価値額は一％の微減でして、「生産年齢人口減少局面においては、従業員を減らし生産性を上げるという行動は、経済成長に結びつかない」ということが、明確に数字に出ています。ましてやその後の「世界同時不況」と団塊世代の退職の同時進行で、内部留保も人件費もどちらも急速に落ちているでしょうから、生産性も減少するし、それ以上に付加価値額が下落しているものと思われます。

図28 製造業大手の生産性指標

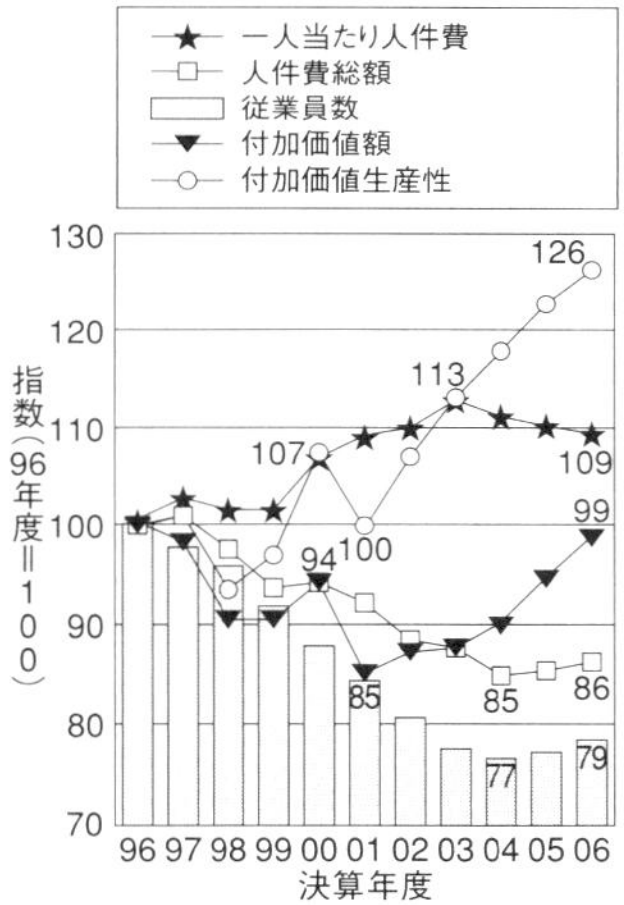

図29 非製造業大手の生産性指標

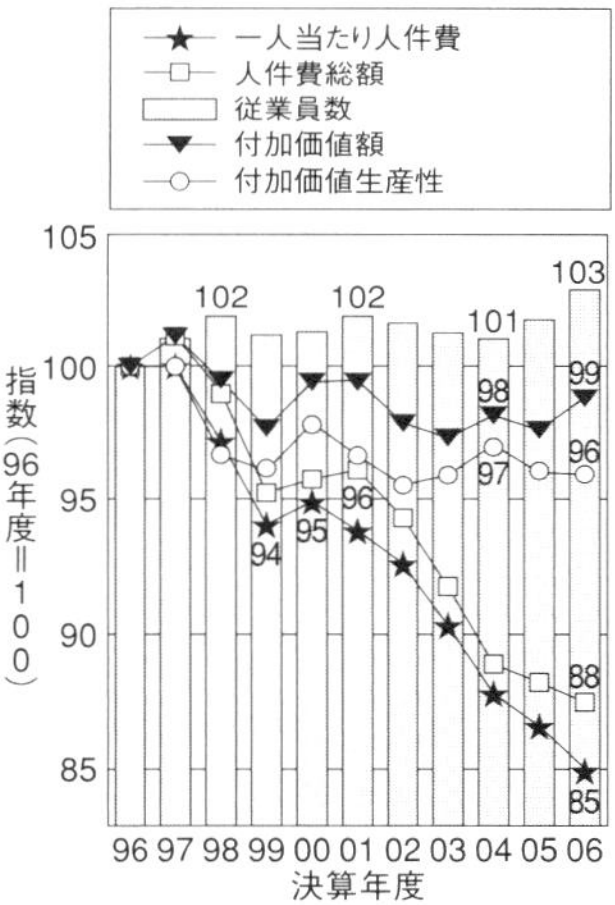

［資料］図28は上場企業1,090社、図29は上場企業742社の単独決算を基に日本政策投資銀行設備投資研究所が算定した数字を筆者が指数化

以上は輸出の活況の影響を受けた製造業の話でしたが、非製造業はまったく対照的な動きになっています（図29）。非製造業では非正規労働者を低い給与で雇用する慣行が定着しており、九六―〇六年度の間に従業員数はむしろ微増、そのために生産性は四％減となりました。しかし付加価値額は製造業と同じ一％の微減にとどまっています。つまり、生産性が低下したにもかかわらず人を雇い続けたことで、GDPへの貢献度合いは製造業と変わらなかったわけです。

「非製造業の生産性を国際的なレベルにまで向上させよ」と声高に唱えている人の多くは、「非製造業も製造業並みにリストラをすべきだ」と考えているのでしょう。ですが彼らは、リストラに積極的だった製造業が「戦後最長の好景気」の中で生産性は上げたものの付加価値額は増やせなかったという事実を、どう考えているのでしょうね。そもそも事実自体を確認していないのではないでしょうか。それ以前に、生産性と付加価値額の関係を理解している人がどれだけいるのかも、怪しいものです。

そんな連中のいうことを聞いて非製造業の雇用を減らせば、人件費が落ちる分だけGDPも落ちます。そもそも非製造業の多くは日本語をしゃべる人間でなくては担えず、製造業ほどの国際競争はありませんから、何のためにGDPを減らしてまで労働者数を減らさねばならないのか、理由不明です。

ちなみに「メーカーが従業員の給与水準を下げている」という批判もありましたが、よく見ると従業員数が二一%減っているのに、人件費総額は一四%しか減っていません。ちゃんとベースアップなり何なり、従業員当たりの手取りは増やしているのです。でも一人当たりをいくら増やしたといっても、総額は減っているのですから、その結果内需が減ったということは同じです。

日本の産業は、付加価値額を上げる方向に、人減らしではなく商品単価向上に向け努力すべきなのです。その結果として生産性が上がるのです。

簡単には進まない供給側の調整

ご納得いただけましたか。マクロ経済学をまじめに勉強された方、まだまだですよね。予想される第一の反論は、「そのように儲からなくなった業界では必ず企業がつぶれるなり設備が廃棄されるなり、あるいは企業が違う分野に商売を切り替えたりして、供給が減る。それによって単価が上がって、マージンも回復する。だから生産性は再び上がってGDPも減少しない」というものです。人件費に関しても、「余りに人件費を下げれば当然にそこで働く人が減っていく。生産年齢人口が減少して労働量不足が続けばなおさらだ。だから企業も、どこかで人件費水準を上げて人手を確保せざるを得ない」とされます。

本当のところ、自動車業界や建設業界などで実際にそういうことが起きていたら良かったですね。でも現実にはまったく起きていない。「いずれそうなるだろう」と期待して一〇―二〇年、一向に起きる気配もないのです。というのも、市場の縮小を生産年齢人口減少のせいだとは気づかない、単に「景気が悪い」せいだと思い込んでいる企業がこの日本には満ちています。彼らはマージンと人件費を削り倒しながら、設備廃棄も商品分野の切り替えもせずに頑張り続けます。そこにまた、資本の出し手（機関投資家や同族）が、期待収益水準の低下を甘受して付き合い続けます。基本的には円高基調が続いてきた七〇年代以降の日本で、外貨投資のボラティリティの高さに懲りているということなのでしょうか？　いずれにせよ過当競争→価格低下は一向に解消されません。

本当は彼らが既存製品に見切りをつけて新分野に転換すればいいのでしょうが、人間と機械を使って多年やってきたことを簡単にやめられるのであれば、この複雑化・専門化する社会で門外漢がササっと新事業を立ち上げられるのであれば、誰も苦労はしないのです。

おまけに世界的にモノの供給は過剰で、特に中国などには過剰設備がごろごろしています。そういう連中がダンピングに走り輸入品が低価格になれば、国内向けの日本製品だけを値上げしていくわけにも行きません。労働者の頭数も世界的に見れば余っていますから、国内で人手不足・人件費高になれば、生産がなおさら海外に移転していくだけのことです。経済学のいう均衡は地球規模では成り立つのですが、狭い国境の中では成り立たないのです。

本来は企業が、従業員の人件費総額を下げず、退職者増加で浮いた分を若者に回すことで、内需維持にいささかなりとも貢献するべきなのです。そうすれば、経済学のセオリーに少しは近い状況も出てくる。もちろんそのためには、商品を値上げできるだけのブランド力獲得に向けて、死に物狂いの努力が不可欠ですよ。でもそもそもミクロ経済学は、始祖アダム・スミス以来ずっと「市場経済の各プレーヤーが利潤最大化に向けて工夫の限りを尽くす」ことを前提に構築されているのですから、経済メカニズムの健全性回復のためにはそれくらいの発想の転換ができなくてはなりません。

高齢者から高齢者への相続で死蔵され続ける貯蓄

ですがそこで第二の、さらに観念的な反論が出てきます。

「車だの住宅だの電気製品だの、特定の既存産業については、お前の言う通り消費者の頭数の減少で供給過剰に陥り、値崩れが起きて、生産性が下がっていったとしよう。だがそれを消費者の側から見れば、これまで車だの住宅だの電気製品だのにかけていたお金が余る、つまり消費者余剰が発生しているということだ。そのお金はどこに向かうのか。何か他の商品、モノに限らずとも旅行でも福祉でも医療や健康関連でもいい、何か新たなモノかサービスの消費に回るだろう。そこに新たな雇用も生まれ人件費も支払われる。車だの住宅だの電気製品だのの業界は縮小するかもしれないが、他の分野の企業の売上はその分増えるわけで、経済全体としてはプラスマイナスゼロだ。つまり生産年齢人口が減ってもGDPは縮小しないことになるではないか」というものです。これが恐らく、「生産年齢人口の増減とGDPは関係ない」という主張の最も中核的なものといえましょう。

確かに、車だの住宅だの電気製品だのが安くなる分余ったお金を、皆が何か他のことに使ってくれれば、おっしゃる通りに経済上の問題は生じないのです。ところが今世紀初頭の「戦後最長の好景気」においては、首都圏住民の個人所得総額が大幅に増えたのに、首都圏の小売販売額は通販を含めても停滞していましたね。貯蓄が増えただけで、モノ消費には回らなかったのです。サービス消費も増えていません。観光産業も外食産業も不振、医療福祉産業でも赤字にあえぐ事業者は増えています。

現実がそうであるということは、何か経済学上も否定できないきちんとした理由があるわけです。単に「消費に回るのが遅れている」と時間を持ち出すとか、「消費者が不合理な行動を取っている」と悪者を作るとかやっているだけでは、事実が見えて来ません。

その理由はすでに一度お話ししました。最近は若い人にも物欲のない人が増えていますが、増える一方の高齢者はなおさら物質面では満たされていて、モノに対するウォンツがない。最も強いウォンツは、将来健康を損なった場合の医療福祉サービスの享受なので、そういう可能性に備えてお金を貯めておくのです。これは医療福祉サービスの先買い（コールオプション）なので、何にでも使える（経済学に言うところの）貯蓄ではなく、流動性が極めて乏しいということも申し上げました。

それでも高齢者が人生の中のいずれかの時点で、貯めていたお金を医療福祉サービスに使ってくれれば、車だの住宅だの電気製品だのが落ち込んだ分は医療福祉サービスが成長したことになって帳尻《ちょうじり》は合うのです。ところがよほどの重病や障害を抱えることになった一部の不幸なめぐり合わせの人（自分がそうなる可能性は私を含め誰にでもあるわけですが）を除けば、ほとんどの人は大量の貯蓄や家産を残したまま亡くなって行きます。つまり彼らがご存命の間は、少なからぬ部分が消費に回らず貯蓄されたままなのです。それでもご当人にしてみれば、どのような健康状態で何歳まで生きるか不確実である以上、死ぬ瞬間までは貯蓄を目先の快適や健康維持のために使い切ってしまうわけにはいかないのです。

「高齢化や格差拡大で貯蓄率が下がっている」というような報道と、私の話は矛盾しているのではないか、というようなことを問われることがあります。○○率を出すときは何を何で割っているのか確認いただきたいのですが、貯蓄率は可処分所得の中で貯金に回る額、ストックではなくフローの数字です。貯蓄率がいくら下がってもゼロ以上であれば、これまでに貯めたお金の絶対額が取り崩されて目減りしているということはありません。マイナスになれば貯金の目減りが始まりますが、今の少ない年収の何十倍もの貯蓄を持っている高齢者も多いので、そうそう貯金そのものが急減するわけではないのです。

この話を人体にたとえますと、こういう状態です。栄養学者は「オマエは全身に回せるだけの栄養所要量をきちんと摂《と》っているので元気なはずだ」と主張する。ところが実際には、歳を取って動くのがだんだんおっくうになってきているために運動不足状態が続いており、摂取した栄養のかなりの部分は皮下脂肪や内臓脂肪になって貯まっているだけで、全身各所での代謝は不活性のまま。ようやく食欲も落ちてきて、日々の摂取だけでは少々栄養が足りない状態になり、脂肪が若干は燃焼され始めたけれども、これまで貯め込んだ量に比べれば微々たるもの。大量の脂肪を身につけたまま、そのうち別の病気で寿命が尽きる運命か……とまあこういう状態なので、栄養学者（＝マクロ経済学者）の総論を聞いているだけでなく、全身各所での代謝の活性化を具体的に調べる生理学者（＝経営学者）の助言が必要なのです。

とはいえ貯蓄や家産を抱えた人がいつまでも生きているわけではない。持ち主が亡くなれば、皮下脂肪と違って遺《のこ》された財産は相続に回ります。とすれば、相続人がその分を使ってくれれば社会にお金は還元されるではないですか。

本当に、日本人の平均寿命がロシアの男性並みに六〇歳を切っていたりすれば、全然様相は違ったでしょう。子供がまだ三〇代で買いたいものもいろいろある時期に、相続が発生しますから。ところが女性は世界最長寿、男性も長寿ベスト三に入っている日本では、亡くなる側ではなく相続する側の平均年齢が六七歳だというのです。これは新聞でそう読んだだけで出典は不明ですが、いかにもありそうなことです。受け取り側が六五歳を超えた年金生活者の場合、パーっと使ってしまうことはせず、やっぱり貯蓄＝将来の医療福祉サービスの先買いに回してしまうのではないでしょうか。

さらに困ったことには、そうして高齢者の貯蓄が何十年も消費に回らず塩漬けになっている間に、たとえば株式投資に回った分が株価下落で目減りしたり、外貨投資に回った分が為替変動で目減りしたり、投資対象の不動産の地価が下落したり、ということが起きます。もちろん超長期保有を続けるのであれば、その間に下がった株価もまた上がることがあるでしょうし、為替も戻すことがあるでしょう。従って長期平均的には、そういうキャピタルロスはキャピタルゲインと相殺して発生しなかったことになる、という見方があるかもしれません。ですが実際には、株式投資の対象の会社が清算されてしまえばその投資分は失われますし、そこまではいかずとも株価下落や為替変動で大量のキャピタルロスが発生している時点に耐え切れずに金融資産を売ることもあるわけで、そのたびにロスが固定化されます。土地の場合には、価格が戻ること自体が期待できないケースも多くなるでしょう（極端な例で言えば、地方の山林原野を石油ショック前の狂乱地価の頃に高い値段で買ったケースなどを想起ください。程度はともかく本質的には同じことが、生産年齢人口が減少に転じた首都圏でも起きていくのです）。ということで、高齢者が貯蓄を抱えれば抱えるほど、結局一度も消費に回らないままに目減りして消えていく部分も増えていくわけです。

内需がなければ国内投資は腐る

ところがさらに開き直った第三の反論として、「高齢者の貯蓄大いに結構」という考え方もありうるのです。マクロ経済学では、貯蓄は投資の源泉です。高齢者が死ぬまで貯蓄を抱え続けても、よしんばそれが株価下落や為替変動で目減りしたとしても、貯蓄は債券、株券などの購入を通じて投資側に回るので、その投資を受けて経済は拡大する。だから問題はないではないか……というわけですね。

実際問題、日本の投資は海外、特にアジアで現地の経済を急拡大させました。シンガポールの一人当たりGDPが日本と同等になったのも日本の投資なしでは考えられません。ですが国内への投資は同じようなペースで日本の経済を拡大させたでしょうか。いいえ、ここ一〇年以上、名目値では日本のGDPはほとんど変わっていないのです。つまり総じて、投資に見合ったリターンが挙がっていない（投資収益率が極めて低い）ということになります。

なぜでしょうか。すでに何度も触れてきたように、生産年齢人口＝旺盛《おうせい》に消費する人口の頭打ちが、多くの商品の供給過剰を生み、価格競争を激化させて、売上を停滞ないし減少させてきたからです。そういう局面では、生産能力増強投資はもちろん、新製品開発投資であっても価格転嫁が困難です。つまり投資収益率が低くなります。

ところで、ファイナンスをかじった方はご存じでしょうが、ある投資プロジェクトの評価額（＝誰かにその投資を肩代わりしてもらう際に払ってもらえる値段）というのは、そのプロジェクトにいくら実際に投資したかという過去の支払額の累計（これを会計では「簿価」といいます）で決まるわけではありません。過去の持ち出しとは一切無関係に、そのプロジェクトが将来にわたって生むであろう期待収益（正確にはその割引現在価値）の合計（これを「時価」といいます）が評価額となります。

となると、仮に多額のお金を突っ込んできた（簿価の高い）プロジェクトであっても、過当競争の結果としてどうにも儲けが見込めないということになれば、時価は過去に投資してきた額よりもずっと小さくなります。つまりそのプロジェクトを売っても、過去の投資は十分には回収できません。このように簿価＞時価となる現象を俗に「投資が腐る」と言います。金を出している側からいえば不良債権や紙くずと化した株の増加ということになるわけですが、生産年齢人口＝消費者の人口の減少により内需が構造的に縮小している日本では、この「投資が腐る」現象があちこちで頻発してきました。

もうおわかりだと思いますが、投資があれば経済は拡大するというマクロ経済の定式？は、この「投資が腐る」という、市場経済の現場では当たり前に起きている現象を勘案していないのです。投資額が永遠不滅に目減りしないのであればよかったのですが、現実には投資の時価は売上の状況によって柔軟に上下します。そして投資の時価の減少は、その分だけ経済を縮小させることになります。投資がなければ経済は拡大しない（投資は成長の必要条件）というのは事実です。ですが、投資さえあれば経済は拡大する（投資は成長の十分条件）というのはとんでもない間違いです。

必要条件を十分条件と混同しないというような、論理学の基本の基本だけは、ぜひ踏まえたいものです。

三面等価式の呪縛

以上、「マクロ経済学っぽい」観点から予想される三つの反論と、当方の再反論を述べてきました。四番目の、私が思い当たる最後の反論は、さらに抽象度が高くなります。

それは「マクロ経済学の根底にある常に正しい三面等価の定理上、GDP＝生産＝支出＝分配であり、生産されたものは必ず同時に支出の対象になり、誰かの所有物として分配されている。生産したものは売れるということであり、オマエの言うような過剰生産↓値崩れ↓GDPの減少などということは起きない」というものです。

「常に正しい」三面等価式を持ち出すとは、何やら神聖不可侵な雰囲気の議論ではありますが、残念ながら日本経済の現場にはもっと俗っぽい現実があります。繰り返しお話ししてきた、生産年齢人口＝消費者人口の減少↓供給能力過剰↓在庫積み上がりと価格競争激化↓在庫の時価の低下（在庫が腐る）という現象です。その結果発生した消費者余剰は、高齢者が老後に備えて確保する極めて固定性の高い貯蓄（＝将来の医療福祉負担の先買いという一種のデリバティブ購入）という形で「埋蔵金」化してしまい、経済社会に循環していません。腐った在庫は最終的には叩き売られて企業収益を下げています。こういう現実を、「常に正しい」三面等価式ではどう説明するのでしょうか。

製造業や小売業、不動産業などの場合、「在庫の増加」自体は「支出」の構成要素の一つである「投資」の一種として説明されます。つまり「在庫が積み上がっていること」は、「在庫投資が増えた」（つまり生産した企業自体が自分で支出して余剰品を買い取った）ということで前向きに処理されるのです。ということは、売れようが売れまいが在庫を積み増しながら生産を続ければ、GDPは増え続けるわけです。ですが、その在庫を処分せざるを得なくなって評価損が発生したら？　生産の中における在庫投資がマイナスとなり、支出の中における在庫が減少し、分配の中における営業余剰が減少するので、GDPも減るのではないでしょうか。はたまた「三面等価というのは発生ベースの話であって、その後に起きる在庫処分などは知ったことではない」ということであれば、この式は「常に正しい」どころか、時価会計の時代にはそぐわない、実質的には意味がないものになってしまいます。

さらに困るのがサービス業です。この場合には人間の労働そのものが商品であり、在庫という調整弁はありません。客が来て売れるまでは、生産もされませんので、支出も分配もないですから、生産年齢人口の減少に応じて売れるまで値段を下げれば、それだけ生産も支出も分配も下がることになります。つまり、生産年齢人口＝消費者人口の減少↓供給能力過剰

↓価格競争の激化に即応して、売上が下がりGDPは下がっていくことになるのではないでしょうか。事実そうなっていますよね。

そこで出てくる究極の解釈が、「時価と簿価は実質値としては一致する、従って名目GDPはともかく実質GDPは下がらない」というものです。まず、在庫が腐って時価が低下していくことや、サービスの価格が過当競争の中で下がることを、「デフレ」というマクロ的な現象から生じたものと解釈します。このデフレというのは何なのか、本来の意味は「貨幣供給∧モノ・サービスの供給、という状態」だと思うのですが、それにとどめ置かれずに、どうも単に生産能力過剰でモノの値段が下がったような場合まで「デフレ」にされてしまっているように思えます。「何かの商品の供給過剰↓単価低下に伴って発生した消費者余剰は、すべて他の何かの消費に回るので需要全体の量は変わらない」という機械的な前提を置いているので、そういう解釈になるのでしょうね。

すでにお話しした通り私は、この前提自体が成り立っていないと思います。ですがそれはともかく「物価が下がるのはすべからくデフレなので補正すべきだ」ということにしまして、物価低落で下がった名目GDPをデフレータ（実際にはインフレータですが）という係数で割り、物価が下がらなかった場合の「実質GDP」を計算するわけです。この作業を経ますと、在庫投資が腐ったりサービス産業の商品単価が低落したりしても、補正後の実質GDPは下がらないことになるではないですか。

仮にこれが正しいとすれば何だか訳のわからないなりに素晴らしい話です。ですがこれはまあ早い話が国家的な粉飾決算で、起きたことをなかったことにしてしまっているわけです。

日本のように「デフレ」が止まらず、物価も企業の売上もその企業が払う給与もどんどん縮小している国が、「確かに売上も給与も下がっているけれども、同じ国の中では物価も同時に下がっているので何も困ったことはない。実質GDPにだって変化はない」と開き直ったとしても、外国から見ればその国の経済規模がどんどん縮小していることに変わりはないのではないでしょうか。そもそも「値崩れを起こすほどの過剰生産を繰り返す産業に依存する国と、主要産業が値崩れを起こさないような経営を心がけている国と、デフレータで割れば実質的な経済成長率は同じです」というような議論が成り立つ方が妙です。日本が世界から「何とかしろ」と言われ続けているのは、世界もそういう開き直りを認めていないということではないのでしょうか。

「国民総時間」の制約を破ることは可能なのか？

しかし「それでも地球は回る」ではありませんが、以上の議論は全部ナンセンスと断言する「経済専門家」の方もいらっしゃるでしょう。まあ、構いません。ですがぜひ、この先私がお聞きする質問についてでは、じっくり考え直してみてください。

人口の減少は、国民が経済活動に使える時間の総合計＝人口×三六五（三六六）日×二四時間（これを「国民総時間」と仮称させてください）の減少でもあります。不可避の人口減少に伴い日本の「国民総時間」がどんどん減っていく中で、ＧＤＰを成長させる（あるいは一定に保つ）ためには、国民一人一人の一時間当たりの生産水準と消費水準をどんどん上げていかなくてはなりませんね。前者の時間当たりの生産水準は、機械化や生産技術の革新などで果てしなく高めていくことが可能だと思いますが、後者の時間当たりの消費水準に関しては、これを際限なく伸ばしていくことが可能なのでしょうか？

生産しても消費されなければ、輸出に回すか在庫に回すしかありません。輸出に回すだけでは限界があるというのは、今世紀初頭の「戦後最長の好景気」の最大の教訓です。在庫に回すのでは、三面等価でＧＤＰの外形は膨らみますが、実態としては早晩在庫が腐るリスクを増やすだけです。ということで日本経済が成長できるかどうかは、国民一人一人の一時間当たりの消費水準を伸ばしていけるかにかかっているわけです。この水準を以下では「消費の対時間生産性」と呼びます。消費の生産性というのは変な表現ですが、生産性という言葉自体を使わないわけにもいかないのでお許しください。

さあいかがでしょう。日本には、人口×二四時間×三六五（三六六）日しか時間がないのです。その中で消費に回す時間をこれ以上増やせるのか。難しいとすれば、時間当たりの消費単価を上げるしかない。それは従来よりも高価なものを消費してもらうことによってしか達成できませんね。どうやったらそういう傾向を作り出せるのでしょうか。そういう傾向を長期的に継続させることは可能なのでしょうか。たとえば高価な車やヨットを買わせるとしましょう。でもそれに乗るには時間が必要です。高価なステージを見に行くとしましょう。やっぱり時間が必要だ。高価な食材を買って、食べずに貯めるとか捨てていくとかすればいいのでは？　そうなんです。「買うだけで使わない」という行動を増やしていかない限り、どこかで消費に使える時間の限界が来てしまうのです。

こういうふうに時間を単位にして考えると、一人当たりの消費水準がすでに高くしかも人口が減っている日本のような国での、一人当たりではなく総額としての経済成長というものがいかに困難か、よくおわかりいただけると思うのです。人間が消費というものに飽きない、まるで買い物中毒やギャンブル中毒のようにカネと時間があればより高い商品やサービスの購入につぎこみ続け、しかも買った後には使わない、という状況を想定しない限り、「消費の対時間生産性」がいつまでも伸び続けるというのは想像できません。

一つの打開戦略は、すでに最初の方でお話ししたように、日本の商品がフランス、イタリア、スイスに対抗できるようなブランドを獲得していくこと、国民自身が、そういうブランド価値の高い商品をなるべく消費することです。これは単価上昇を通じて、確かに「消費の対時間生産性」を上げます。ですがすべての商品がそうなれるというわけではありません。といいますか日本の諸産業の多くは、現実に過当競争の中での値下げ競争にあえいでいます。彼らが値下げすればするほど、逆に「消費の対時間生産性」は下がっていってしまいます。

近代経済学もマルクス経済学も、労働と貨幣と生産物（モノやサービス）を基軸に構築されてきた学問です。ですが現代の先進国において絶対的に足りないもの、お金で買うこともできないのは、個人個人が消費活動をするための時間なのです。

最も希少な資源が労働でも貨幣でも生産物でもなく実は消費のための時間である、というこの新たな世界における経済学は、従来のような「等価交換が即時成立することを前提とした無時間モデル」の世界を脱することを求められています。我こそは経済学を究めん、と思っている方。ぜひこの「時間の経済学」を考え直し、そして、国民総時間の減少という制約を日本は乗り越えられるのか、という私の問いに答えを出してください。

第8講　声高に叫ばれるピントのずれた処方箋たち

長い旅をして参りましたが、ようやくこれまでのところで、日本経済が直面している人口成熟問題のラフスケッチをお示しすることができました。さてそれでは、そのような深刻な状況にどのように対処していけばいいのでしょうか。そもそも「人が歳を取る」という物理現象に原因があるわけですから、これは対処が可能な問題なのでしょうか。

ご安心ください。対処は相当程度まで可能です。あきらめて座っているヒマがあったらすぐに自分で実践できることが幾つもあります。ただし、一見もっともらしいけれども論理的に破綻《はたん》していて、やればやるほど経済を損なう大嘘話も世の中には大量に流れていますから、よくよく注意が必要です。

そこでまず、世間でよく耳にするさまざまな議論が本当に有効なのか、「生産性さえ上げれば大丈夫」という通念の誤りはすでにご指摘しましたので、それ以外のものを取り上げて、これまでと同じく先入観を排して、論理的かつ現実的に検討してみたいと思います。

「経済成長こそ解決策」という主張が「対策したフリ」を招く

日本経済再生への各種の提言を耳にする中で、「マクロ政策で事態を何とかせよ」と主張するものの中には、「おいおい、本当かいな？」と思うものが何種類かあります。その代表が「とにもかくにも経済成長（＝GDPの増加）を達成することが大事だ」という意見です。いや意見といっては失礼かもしれない、政官財学の各界の総意であるかもしれません。

「最低限の経済成長なくしては、経済社会の安定的な運営は難しい」というのはまったくその通り。ですが「逆はまた真ならず」です。これをひっくり返して、「大なり小なり経済成長さえ達成できていれば、経済社会のいろいろ個別の問題は片付いていく。だからまずは経済成長を目指せ」という主張にしてしまいますと、事実から離れてしまう面が出てくるのです。先ほどの生産性の話もそうでした。付加価値額を上げた結果として生産性が上がるのであれば問題はないのですけれども、生産性を上げることが自己目的化してしまうと、人員整理で逆に付加価値額を下げてしまいがちになります。

ＧＤＰも同じでして、「生産年齢人口減少によって下ぶれしてしまう個人所得や個人消費、企業業績を何とか支え向上させていこうとする努力の先に、ＧＤＰの維持ないし成長がある」のです。「ＧＤＰを維持ないし成長させることができれば、いくら生産年齢人口が減少しようとも、個人所得や個人消費、企業業績も良くなる」という逆の流れは、「戦後最長の好景気」の中においては生じませんでした。

もちろん抽象的な経済理論の世界では、そういう逆の流れが生じることになっている。それを検証もせずに信じ込んで己のイデオロギーにしてしまいますと、そういう抽象的な理論に反する具体的な事実を受け入れられなくなります。でも生産年齢人口の減少する今世紀日本ではそういう理論に反する現実があることを、疑う余地のない全数調査の数字をお示ししながら、これまで延々とご説明してきたわけです。

では日本経済は何を目標にすべきなのでしょうか。「個人消費が生産年齢人口減少によって下ぶれしてしまい、企業業績が悪化してさらに勤労者の所得が減って個人消費が減るという悪循環を、何とか断ち切ろう」ということです。

①生産年齢人口が減るペースを少しでも弱めよう
②生産年齢人口に該当する世代の個人所得の総額を維持し増やそう

③（生産年齢人口＋高齢者による）個人消費の総額を維持し増やそう

この①②③が目標になります。もちろんこれらが実現できれば結果として経済成長率も改善しますので、これら目標は経済成長率に関する日本の国際公約とも矛盾しないものです。ですが、逆が起きるとは限りません。経済成長率を何か別の方法で上げたとしても、①②③は達成できないのです。

事実この間までの「戦後最長の好景気」の下では、輸出の活況で数字上の「経済成長」と個人所得総額の増加（高齢富裕層への金利配当所得の還元）は起きましたが、①の生産年齢人口減少はまったくとまらず、②の生産年齢人口に該当する世代の所得増加は生じず、③の（生産年齢人口＋高齢者による）個人消費総額も（高齢富裕層が金融投資に傾斜したためだと推測されますが）実際には増えませんでした。生産年齢人口減少という構造の下では、直接に①②③を図る策が必要なのです。

ところが実際には、そういうわずかばかりのブレークダウンもしていない、「まずは経済成長」という総論だけが横行しています。その求めに対し、「とにかく目先の試験の点を取ることが最優先」という習慣の染み付いたお受験エリートが「御意！」とばかりに動きます。となれば、抽実際問題として前述の①②③は一朝一夕にはなかなか実現が難しいわけです。

象的な総合指標であるGDPを構成するものの中から、①②③にはほとんど無関係に供給側の操作や財政支出だけでいじれてしまう変数を選んで、とにかく数字上だけでも改善してしまおう、という行動が選ばれがちになるわけです。

例えば、売れる売れないにかかわらず工業製品を増産しそれを在庫として抱えれば、これまでにお話しした計算の仕組み上GDPは拡大します。同様に、「景気対策でとにかく公共工事を積み増そう」というような施策が取られれば、とりあえず工事や買い支えの効果で目先の経済成長率が上がります。ですがその結果企業は不良在庫を、政府は将来の納税者の負担する借金を抱えることになり、長期的にはかえって成長を損なってしまうことになります。「経済成長率を下げてはならないので当面公共工事の水準は守るべきだ」という議論は必ず出てきますが、そもそも年間四〇兆円程度の税収に対して八〇兆円以上を使っている日本政府が、さらに公共工事を増やすというのであれば、歳出のうちの何を削って回すのか、あるいは増税を認めるのか、どちらかをセットにせざるを得ません。そして歳出削減、増税、いずれを取るにせよ、その分日本の内需はマクロ的な下降圧力を受けます。つまり、公共工事増額の分だけ経済成長率が純増することにはならないのです。

私は「公共工事は何でもかんでも無駄遣いだ」という決め付けにはまったく賛成できません。特に既存インフラの維持更新投資はこれからが本番です。ですが、生産年齢人口の長期的な大減少の下でも本当に必要な工事と、人口増加が前提になっている工事の区別をきちんとして、後者を取りやめにしていかないと、公共工事＝税金のムダと全部にレッテルが貼られて、本当に必要な工事まで切り落とされかねません。すでにそういう危険は現実になりつつあります。関係者の皆さんは、どこに背水の陣をしくのかを考える必要があります。

「内需拡大」を「経済成長」と言い間違えて要求するアメリカのピンボケ

新聞、雑誌、ネットなどに載るコメントを見ていると、アメリカの政・財・学界関係者も「日本は生産性を上げて健全な経済成長を目指せ」と言い続ける人ばかりですね。彼らも経済成長と前にお話しした①②③の関係がよくわかっていないのではないでしょうか。

彼らが本当に言いたいのは、③の個人消費総額の維持増加（→日本の内需拡大）であって、それに合わせてアメリカ製品も売りたい（あるいは日本からアメリカへの輸出を結果として抑制したい？）わけです。輸出だけが伸びて（アメリカにさんざん日本製品を売りつけて）内需はまったく伸びなかった（アメリカ製品はまるで日本で売れなかった）今世紀初頭の「戦後最長の好景気」を、再現して欲しいと思っているわけでは微塵《みじん》もないでしょう。ですが彼らも、経済成長すれば内需も当然に拡大するという教科書の記述を、最近の日本ではそうはことが進んでいないにもかかわらず、無邪気に信じているわけです。

挙げ句の果てには、「個人所得が増えたのに個人消費が増えないのは、日本政府が何かヘンな規制をして市場を歪《ゆが》めているからに違いない」という、「イラク政府は大量破壊兵器を持っているに違いない」というのと似たような（善意なのかもしれないけれども短絡的な）即断をしてしまう。そして日本にいろいろ「構造改革」を要求してくるわけです。しかし一番大事な構造問題である「生産年齢人口の減少」を見過ごしたままですので、要求通りにしてもさして目覚ましい効果は生じません。「小泉改革」を進めるのか戻すのか、人によってあるいはモノによって極端に意見が違うようですが、一つ言えるのは進めようがやめようがどっちにしても、日本の内需はそれだけでは成長しないということです。「経済成長率」という見かけの数字だけは、どちらかによって上がるのかもしれないのですがね。

それどころか「規制を緩和して経済が自由に回るようになれば万事はいい方向に解決する」というアメリカ由来の理念を、自分も共有するフリをした一部の日本企業が、「雇用に関する規制緩和を活《い》かし、給料や福利厚生関連費用の安い非正規社員を増やすことでコストダウンする」というビジネスモデルに傾斜しました。そのためますます「若い世代の給与の抑制」が深刻化し、かえってアメリカの望んでいる日本の内需拡大が遠ざかっています。

ただ私はこれをもって「アメリカ由来の規制緩和路線はけしからん」と叫ぶ意見には与《くみ》しません。先ほど規制緩和の理念を「共有するフリをした一部の日本企業」と申し上げましたが、そう、彼らがやっているのは「フリ」であって本気ではない。実際彼らは、新たに雇う若者の雇用を規制緩和に乗って流動化・低廉化させることは喜んで行いましたけれども、ある程度の年齢以上の正社員や退職者の、既得権化した処遇や福利厚生には総じて手をつけていないからです。本当に雇用に関する規制緩和の理念を信じているのであれば、相対的に給与の高い中高年やOBの処遇をこそ流動化させるはずなのです。消費性向の低い中高年が貯蓄として死蔵していくことになる部分を優先的に守り、もともとお金のかかっていない現場の若者の雇用の部分だけさらに搾り上げるというのは、実はウェットそのものです。こういう日本的な部分まで自分のせいにされてしまっているアメリカもいい面の皮ですね。

マクロ政策では実現不可能な「インフレ誘導」と「デフレ退治」

「生産性上昇により人口減少に対処」「経済成長率至上主義」と並べて疑問を呈しておきたいのが、マクロ政策による「インフレ誘導」、あるいはそのマイルド版である、マクロ政策による「デフレ退治」です。前者は、所得が一部富裕層の貯蓄として蓄積するばかりで消費に回らないことを問題視し(それ自体は正しい認識ですが)、ある程度のインフレ状態(物価の上昇)をもたらすことで、「貯金がインフレで目減りする前に使ってしまおう」という行動を喚起しようとするものです。これを主張する方々が「リフレ論者」です。

そうできたら本当にいいですよね。でも「インフレ誘導」というのは、どうやったらそういうことになるのか道筋が見えない提言です。これは「生産年齢人口減少→構造的な供給過剰→商品・サービスの単価低下」という現象が続いている日本において、「余っているものでも何でも値段が上がる」という状況を作るということですよ。たとえば標準価格米の古古米でも値段が上がるというような事態を何らかの手段で実現できると、本気で唱えていただかねばならないことになります。

その際に、「日銀が金融緩和をして貨幣供給を増やせば物価は上がる」というようなナイーヴなことをおっしゃっても説得力はありません。日本が実質的なゼロ金利状態になってから十数年、景気の悪かった時期はともかく「戦後最長の好景気」だった〇二―〇七年にも、その中でも個人所得の大幅な増加が起きた〇四―〇七年においてさえ、一向にインフレ傾向にならなかったということを、どうお考えなのでしょうか。その理由が、所得が高齢者の貯蓄に回ってしまったことと、生産年齢人口減少→構造的な供給過剰にあることとは、すでに延々と説明してきた通りです。この高齢富裕層ときたら、金融資産が〇八年の一年間で一一〇兆円、七％も目減りしたというのにまったく実物消費をしようとはしなかった（実際問題その間も小売販売額は増えていません）、筋金入りのウォンツ欠如、貯蓄＝将来の医療福祉負担の先買い死守、というマインドの連中ですよ。仮に「インフレ期待」が醸成されたとしても、じっと耐えて金融資産を抱えるだけなのではないでしょうか。

話を簡単にするために、「生産しているのは車だけ」という国を考えましょう。その国では、ベビーブーマーが高齢者になって退職する一方で子供が少ないために生産年齢人口がどんどん減っており、車は全自動化ラインでロボットがどんどん製造できるのですが、肝心の車を買う消費者の頭数が減ってしまっています。結果としてメーカーには大量の在庫が積み上がり、仕方ないので折々に採算割れ価格で叩《たた》き売って処分されているものとしましょう。当然その国のマクロ論者からは「わが国はデフレである」という解釈がなされますね。ではその国の政府が札をどんどん刷れば、車の叩き売りは行われなくなって販売価格は上がるのでしょうか。答えは、仮に政府が刷ったお札を公共事業か何かでどんどん使って国民にばらまいたとしても、それを受け取った国民が車を買う台数には生産年齢人口減少という制約がかかってくるので（もう車を十分に持っている人は車ではなく何か他の製品を買うので）、やっぱり車はそうそう売れないのです。何か他の人気商品の価格は上がり、結果として総合指標である「物価指数」も少しは上がりましょうが、国の主要産業である車産業の製品価格が低迷を続ける事態には何ら変わりがありません。

車だけではなく、住宅でも、電気製品でも、建設業でも、不動産業でも、およそ戦後の生産年齢人口激増期に潤ってきた多くの主要産業が、同じように顧客の頭数の減少→需要の減少というミクロ要因に悩んでいる日本の状況はこのたとえ話と本質的には同じです。

もちろん、中国を筆頭としたアジア各国や中南米、ロシアなど、国民の消費水準や生産能力がまだまだ低く、満たされていない潜在的なウォンツが無尽蔵に残っている国では、外貨不足による輸入品の値上がりや財政赤字積みあがり→政府による所得再分配機能の低下があれば、いくらでもインフレ（需要＞供給）という事態は現出するでしょう。足元の中国は外貨準備は豊富、政府も黒字ということでそのようなことにはなっていませんが。ところが仮にそのようなことが起きれば、ますます相対的な円高が生じてしまい、日本国内の物価は輸入品価格の下落でさらに下に貼り付いてしまいます。

では資源や食糧の価格が需給逼迫《ひっぱく》で再び高騰するというのはどうでしょうか？

エネルギー価格の高騰はまた何度も起きることでしょうが、最近までの石油高騰が諸物価まで巻き込んだインフレにつながらなかったように、三五年も前の生産年齢激増期に起きた第一次石油ショックを再現することは極めて困難です。最近までの「好景気」の時期を考えても、石油が突出して高くなったので、さまざまなモノやサービスの価格を平均した総合指標である「物価指数」も引きずられて上がりましたが、ここでも平均値の上昇が全体に波及するということは起きませんでした。生産年齢人口の減少による恒常的な需要減圧力に加えて、日本の誇る技術力を活かした迅速な省エネ対応が、資源価格高騰を減殺してしまったからです。今後も同じことが繰り返されるでしょう。

同じく価格高騰の可能性の高いレアメタル（希少鉱物）に関してはどうでしょうか。そもそもこれらは、化石燃料依存を脱して自然エネルギーの利用に移行しようとすればするほど、バッテリーなどへの使用量が増えていくものであり、代替物を探すのも困難です。ですが、レアメタルは都市鉱山（過去に出されたゴミの山）や海水から採取することが技術的には可能ですので、値段の高騰次第では国内生産に採算性の芽が出てきてしまいます。

食糧に関しても、仮に価格の高騰が定着すれば、本来世界的に見て農業の一大適地である日本国内での生産が復活していくことになりますし、現在の膨大な食品廃棄も見直されていくでしょう。またそもそも、年間二〇兆円未満（輸入九兆円＋国内生産一〇兆円程度）にすぎない日本人の食費が仮に何倍になったとしても、それだけで五〇〇兆円のＧＤＰを持つ日本経済全体が「インフレ」に突入するというようなことはありえません。

それでは、貨幣供給を緩めて「デフレを脱却せよ」という主張はどうでしょうか。インフレを起こせとまでは言っていないのですから目標はやや穏当ではありますし、もちろんそういうことができればそれに越したことはありません。ですが、生産年齢人口下落→供給過剰による価格の下落→在庫が腐ることによる経済の縮小に対して、金融緩和が機能しないことはすでにご説明した通りです。事実、インフレを起こすことができていないのはもちろん、物価低落を防止することすらできていません。さらに言えば、現在生じている「デフレ」には、国内の諸物価が国際的な水準に向けて下がっているという面もあります。九〇年代から中国という巨大な生産者が立ち上がってきましたが、彼らの生産コストや国内物価は日本よりもずっと低いわけです。そういう存在が横にあれば、中国でも製造できるもの（非常に多くのものがそうですが）の日本国内での値段が国際的に標準的な価格に向けて下がっていくのは当然ということになります。これに対して国内だけで「インフレ誘導」を行っても、効果が期待できるとは思えません。貨幣経済に国境はないのです。

「日本の生き残りはモノづくりの技術革新にかかっている」という美しき誤解

私のこれまでのお話は、多くのマクロ経済学徒を不愉快にさせたり、私を無視する気にさせたりしてきたかもしれません。ですが、物事を現実に即してしかも論理的に筋道立てて考える習慣のある方、たとえば工学系の方には喜ばれる論調だったのではないかと思います。

ところがここでとうとう、工学関係者までをも怒らせかねないお話をしなければなりません。以下の私の話が現実や論理から離れるからではなく、一部のナイーヴな工学関係者の方が、現実や論理から離れたある種の共同幻想をお持ちだからです。それは「モノづくり技術の革新こそが日本の生き残りの最大のカギである」という美しい誤解です。

もちろんこの夢想は、一部の工学関係者だけが共有しているわけではない。モノづくりに何の関係もない文系にこそ、人頼みと申しますか理系への責任転嫁と申しますか、「モノづくりさえ何とかなっていれば日本はなんとかなる」という安直な信仰に染まっている人が多いですね。ですが、モノづくり技術を際限なく革新して、今後も常に日本の製造業が世界の最先端に君臨し続けたとしても（私としてはそれはそれでぜひそのようになって欲しいものですが）、「生産年齢人口減少に伴う内需縮小」という日本の構造問題はまったく解決されません。日本の製造業が競争力を保って輸出を続けることは、生産年齢人口減少のマイナスインパクトに抗するための三つの目標（一七七―一七八頁）に直接まったく貢献しないからです。この間までの「戦後最長の好景気」の下で起きたことをみれば自明です。

もちろん私は「モノづくり技術の革新」の重要性自体は、一言も否定していない。ただ「それは日本が今患っている病の薬ではない」と言っているのです。モノづくり技術は誰が考えても、資源のない日本が外貨を獲得して生き残っていくための必要条件ですが、今の日本の問題は外貨を獲得することではなくて、獲得した外貨を国内で回すことなのです。そのためにはお話ししてきた三つの目標が不可欠であって、「モノづくり技術の革新」はそこのところには直接の関係がありません。

いろいろな議論を見ていると、「エコ分野の技術で世界をリードすることに日本の活路がある」というような論調が目立ちます。エコ分野の技術革新は人類が滅びないためにはもちろん極めて重要です。それを実現することで日本メーカーの活路も拓《ひら》けましょう。同時に日本経済の活路も拓けるのであれば本当に良かったのですが。でも、たとえば仮に電気自動車や燃料電池車で日本メーカーが世界のトップに君臨できたとして（私としてはぜひそのようになって欲しいものですが）、日本の輸出が伸び外貨が国内に流れ込んできたとしましょう。残念ながらそれは、この間までの「戦後最長の好景気」を再現するだけのことなのです。技術の果てを極めた日本製のガソリン車やいろいろな機械、デバイスが世界を席巻《せっけん》し、〇〇―〇七年の七年間だけで日本の輸出が七割も増え、税務申告された個人所得が〇四―〇七年にバブル期に迫る水準にまで増加し、にもかかわらず小売販売額は一円も増えなかった、日本国内の新車登録台数に至っては二割以上も減ってしまったという、あの七年間を。

そう話すと必ず出てくるのが、「そんなことを言っているが、エコカー技術で諸外国に後れを取って、外貨が稼げなくなったらどうする気だ」という意見です。先のことまでよくご心配です。もちろんそうならないために、ぜひにも技術開発は全力で続けて、日本企業には最先端に立っていただきたい。でも首尾よくそうなっても、稼いだ外貨が内需に回る仕組みを再構築しない限り、外貨が稼げずに死ぬということになる前に、外貨が国内に回らないことで経済が死んでしまうのです。

つまり日本は、技術開発と内需振興と、同時に別々のことをしなくてはならない、そういうことです。その際に、昔から得意な技術開発の方ばかりに目が行って、内需振興がついつい お留守になるという事態は、ぜひ避けていただかねばなりません。

なにぶん日本には、製造業の技術力のおかげで、国債になってしまっている分を除いても四〇〇兆―五〇〇兆円の個人金融資産があります。毎年十数兆円の金利配当も流れ込んでいます。つまり皮下脂肪が十分溜《た》まっていて、絶食してもそうそう一〇年、二〇年で飢え死にするようなことにはならないのですから、何も不安になることはないのです。安心してもっとバランスの取れた行動、つまり技術開発に関係なく進む生産年齢人口減少という課題を直視した行動を取るべきなのです。

「出生率上昇」では生産年齢人口減少は止まらない

それでは、「①生産年齢人口が減るペースを少しでも弱めよう」という目標を直視して、「何とかして出生率を上げる」のはいかがでしょうか(以下では世間の慣行に従って、女性一人が生涯に産むであろう平均的な子供の数＝合計特殊出生率を、「出生率」と呼ぶことにします)。

これは実は意味の薄い目標です。出生率をいくら増やしても、数理的・原理的に、今日本で起きている生産年齢人口減少を食い止めることはできません。にもかかわらず世間がそういう認識になっていないのは、例によってSY（数字を読まない）の蔓延《まんえん》によります。

断っておかねばなりませんが私は、出生率はぜひ上げた方がいいし実際に上げられると思っています。もちろん「産む、産まないは個人の自由」ですし、産みたいのに妊娠できずに苦しんでいる方に鞭《むち》打つようなことはやめるべきです。でも今の日本には、本当は結婚したい、子供はもっとたくさん欲しいと思っていても、経済的な理由で躊躇《ちゅうちょ》してしまう独身者や若夫婦だけでも、とても大勢います。この人たちの「産む自由」を、もっときちんと保障するだけでも、出生率は今よりは上がります。結婚しない人を結婚させる、産みたいのに子供のできない人を苦労させるのではなく、一人産んだ人が二人目を、二人産んだ人が三人目を安心して産める社会にすることが大事だし効果的です。出生率を上げるには。

ところが、いくら出生率をドラスティックに増やしても、出生者数はそう簡単には増えないのです。率と絶対数は違います。率が生まれて働いてモノを買うのではないのですよ。

と申しますのも、出生率は出生者数を増減させる二つの要因の一つにすぎません。もう一つ、出産適齢期の女性の数の増減という絶対的な制約要因があるのです。そしてこれは二〇―四〇年前の出生者数がそのまま遅れて反映されるものであるために、後付けでいじることはできません。その出産適齢期の女性の数ですが、今後二〇年間で少なくとも三割程度、四〇年間には半数近くまで減少してしまいます。日本の出生者数は、二〇九万人だった七三年を戦後第二のピークに、〇七年には一〇九万人まで下がりましたから、出産適齢期を迎える女性の数も年々減少しているのです。ということで、仮に出生率が今のまま変化しないとすれば、二〇年後の出生者数は三割減、四〇年後は半減となります。逆にいまの年間一一〇万人程度の出生者数を二〇年後にも維持したければ出生率を現在の一・三程度から一・八にまで、四〇年後にも維持したければ二以上にまで戻さねばなりません。

これは、三人兄弟が当たり前の時代に戻るということです。産みたくても産めない人、産まない人もいますので、「産む人は三人くらいは当たり前に産む」ということにならなければ平均は二を超えません。ですが、家が狭く教育費がかかる大都市圏に若者の過半数を集めてしまった今の日本の国土構造を考えれば、その実現は極めて困難です。つまりただでさえピーク時の半分近くにまで減ってしまった日本の出生者数は、もっと下がって行くということを冷静に計算しておかねばなりません。

その結果、日本の生産年齢人口は冷静に見てどのくらいまで減っていくのか？　先にご紹介した国立社会保障・人口問題研究所の予測（中位推計）の線は、最低限覚悟せねばなりません。人口の研究者の多くが「前提が甘い」と言っている数字ですから。つまり今後二〇年間で二割近く、四〇年間では四割の減少が、少なくとも起きてしまうということです。

でも仮に奇跡のV字回復が起き、「日本の出生率が今年から二を超えるところにまで戻って、毎年の出生者数はいつまでも現状のまま推移する」としたらどうなるでしょうか。それでも生産年齢人口減少は止まらないのです。団塊や団塊ジュニアは各年二〇〇万人以上が生まれた世代です。その間の時期に生まれた相対的には数が少ない世代も、各歳一五〇万人以上はいます。彼らが年々六五歳を超えていくのを、毎年一一〇万人程度が一五歳を超えていくという程度の新規投入では補いようがありません。つまり、出生率に奇跡の急上昇が起きて出生者数が今以上に減らなくなっても、やっぱり生産年齢人口は急減していくのです。

ここから先はさらに空想の世界ですが、奇跡の上塗りで「四人兄弟が当たり前になり、現状一一〇万人程度の出生者数が来年から団塊世代並みの二〇〇万人以上に増加した」としましょう。それなら生産年齢人口は減らないのでしょうか。残念ながら来年生まれる子供が一五歳を超えるのは一六年後、成人して就労して税金や年金を払い始めるのは二〇年以上も先のことです。それまでの間は、やっぱり生産年齢人口減少が続き、他方で高齢者は激増します。これにどう対処するのでしょうか。

子供を増やすこと、少なくともこれ以上出生率が下がらないように努力すること自体は大事です。でもそれは団塊世代の加齢という目下の一大課題の解決にはまったくなりません。関係ないことを持ち出すのは、問題から目を背ける人を増やすだけで、事態を放置して悪化させるだけなのです。それなのになぜ出生率ばかりが取り沙汰《ざた》されるかといえば、物言わぬ若い女性に責任を転嫁できて、男性、特に声の大きい高齢男性は傍観者気分になれるからではないでしょうか。そういう男ばかりだからさらに結婚しない女性が増えてしまっているのかもしれませんよ。

「外国人労働者受け入れ」は事態を解決しない

そこで出てくる日本経済の救世主が、「外国人労働者の受け入れ」です。ところがどっこい、これも、どんなにやっても生産年齢人口を実効的なレベルにまで増やす効果は見込めない策なのです。「するべき」「するべきでない」の話ではなく、「やってもやってもまったく数量的な効果が出ない」のです。

海外在住で日本に言及しているエコノミストや経済人はほぼ全員が、国内でも経済を語っている人のとても多くが、この点について基本的な事実認識を誤っています。「べき論」と「事実」を混同して、「やる気になれば成果は出る、問題はやる気がないことだ」と甘～い甘～い精神論に浸っている人が本当に多いですね。それ以上に困るのが、「いくら閉じこもろうとしても、結局日本は外国人労働者に門戸を開放せざるを得なくなり、事態は改善に向かうだろう」という臆測《おくそく》です。彼らは皆、絶対数を読まないSYの典型なのです。「外国人労働者に門戸を開放せざるを得なくなる」のは事実でしょうが、そうしようとも生産年齢人口減少はまったく止まりませんので、事態は改善に向かいません。

しつこくお断りしなければなりませんが、私は日本社会が外国人に対してもっとオープンになることには大賛成です。最近ネット右翼の世界では、日本に多年住んできちんと働いて家族を育ててきた不法入国者を強制送還することに賛成する動きがありますが、経済的に、あるいは社会の道理というようなもので考えても実におかしなことです。低賃金の仕事をまじめに勤め上げ日本生まれの子供も育てている外国人に在留権を与える方が、働けるのに働かない連中（派遣村にいたような実際にきつい労働をやっていた若者ではなくて、親のスネをかじってプラプラしているような人たち）を「お前は日本人だから」と優遇するよりよほどマトモな政策ではないでしょうか。「日本人」という血統さえあればどんなに不まじめでも、納税していなくても国は守ってくれるべきだし、「外国人」はどんなにまじめにやっていて納税していても後回しだ、という彼らの主張を聞いていると、ナイーヴにもほどがあるという感じがします。「俺は武士だ」と空威張りしていた江戸時代の浪人が連想されますね。

とそのように考える私ではありますが、外国人受け入れに生産年齢人口減少食い止めの効果を期待する人もナイーヴという点では似たようなものだ、ということを指摘せねばなりますまい。単純な計算の問題で、絶対数が全然合わないからです。

今後五年間に六五歳を超えていく団塊前後の世代だけでも一千万人以上います。これに対して、日本在住の外国人は不法在留者を足しても二三〇万人、団塊前後の世代の二割程度しかいません。これは在日韓国人・朝鮮人の六〇万人を含む数字なので、見た目で、あるいは話せば外国人とわかる人の数はそれよりさらに少ないわけです。ちなみに過去一〇年間の増加は留学生を含め六〇万人、毎年の増加は六万人というペースです。

これに対し〇五年から今年までの足元の五年間だけで日本在住の生産年齢人口は三〇〇万人以上減っているものと見られます。毎年六〇万人、外国人流入実績の一〇倍の速さです。さらにその後の五年間にはもう四五〇万人、二〇年先までだと一四〇〇万人、四〇年先までは三二〇〇万人の減少を、社人研は予測しているわけですが、このレベルの減少を現在二〇〇万人少々しかいない外国人を急増させることで補えるものと、つまり年間六万人の増加を突然に一〇倍以上ペースアップさせることが可能であると、本気で考えている人がいるのでしょうか。三年の間に今の外国人人口が倍増するというようなペースを延々と続けなければならないことになりますが、そんな数の人がどこから来るというのでしょう。

住民の少子化を外国人で補っている代表的な国といえば、アジアではシンガポールです。居住者の三人に一人が外国人ですが、それでも絶対数では一七〇万人程度。土地に限りもありますので、計画では最大でも今の二倍くらいで打ち止めということになっています。そのくらいの絶対数であれば、そもそも英語も中国語も十分に通じる多民族国家で外国人も（日本人も）まったく違和感なく住める場所ですし、達成も可能でしょう。でももう一七〇万人程度では、日本では焼け石に水にしかなりません。団塊前後の世代の六分の一以下にすぎませんから。オーストラリアも移民を受け入れていますが、そもそも総人口が二千万人少々しかいませんので、三年で二〇〇万人というようなペースでの受け入れなどやっておりません。移民受け入れに積極的なスウェーデンの例を参考にすべきだという議論がありますが、ここの人口は九〇〇万人ですから、仮に日本並みの年間数万人の流入でも効果は出ます。

ですが絶対数で考えれば、一億三千万人近くが住む日本で進む、ゆくゆくは数千万人単位に及ぶ生産年齢人口減少を、補えるだけの外国人流入はありえないのです。「中国から来るだろう」という人がいるかもしれませんが、中国側の人口の事情で、それは天地がひっくりかえっても不可能です。もう少し先でご説明します。

「絶対数が合わないということはわかった。それでも『生産年齢人口の減少を少しでも弱めよう』と言うのであれば、労働市場の門戸開放はすべきだ」という方もいらっしゃいましょう。ですが、そのコストは誰が払うのでしょうか。企業や農家は安価で優秀な労働力さえ手に入ればいいのかもしれませんが、移民の住居確保、子弟の教育、医療・福祉・年金面での対応、高齢両親呼び寄せへの対応など、さまざまな課題はすべて、公共部門に押し付けられることになりましょう。自動車産業地帯などでは現にそうなっているわけですが、歳入不足の自治体がこれに機動的に対応している例は少なく、大量の未就学児童が放置されているとも言われます。彼らが成人して貧困を再生産するようになれば、欧米のように、人種差別と階級間格差の結合した社会問題が、わが国でも深刻化していくことになりかねません。

外国人労働者は人権を有する人間であって機械ではありません。人間を迎え入れる以上、人間としての生活を送ってもらえるようにするためのコストはかかるのでありまして、そういうコストをかけずに外国人だからといってこき使うような地域は必ずモラル面から崩壊していきます。しかも彼らは相対的に低所得である以上、自治体などの負担はそれだけ重くなります。そういう自覚なく、安価な労働力獲得だけを求める企業は、社会へのフリーライダーとして批判されるべきでしょう。

さらに皆さん、忘れてはいけません。仮に外国からの移民受け入れを増やすことでいささかなりとも生産年齢人口の減少ペースを緩和できたとしても、そのこととは一切無関係に高齢者の絶対数の激増が続きます。高齢化率なる、高齢者の絶対数を総人口で割った数字の上昇ペースは少々は緩和されますが、高齢者の絶対数の増加には一人の変化も起きませんので、高齢者福祉や医療関連の負担の激増にも一円の違いも生じません。これまた率ばかりみて絶対数をみないマクロ経済系思考の人の一部が陥りやすい過ちです。加えて相対的に低所得の労働者を増やすということであれば、税収や年金財政にもたいした好影響は生じないでしょう。外国人受け入れは、少子化に伴う現役世代減少への対策には（多少なりとも）なりえますが、有効な高齢化対策にはならないのです。

アジア全体で始まる生産年齢人口減少に備えよう

以上のようなご説明にもかかわらず、「中国から移民は来るだろう」と漫然と考えている方もおられます。彼《か》の地で劇的に進んでいる少子化をご存じないわけです。

〇〇年当時の統計ですが、中国の一〇－一四歳の子供は一億二五〇〇万人（ほぼ日本人と同数ですね）、それに対して〇－四歳の乳幼児は六九〇〇万人。つまり六千万人近く、率にして四五％もの少子化が九〇年代に進んでいたのです。次の調査は今年（一〇年）なのですが、この間の経済発展→出生率低下を考えますと、恐らくさらに劇的な乳幼児の減少が起きているでしょう。中国研究者からの伝聞ですが、上海の場合ですと出生率はもう〇・六五、日本で一番出生率の低い東京都のさらに三分の二以下の水準だというのです。孫世代の人口が祖父母世代の九分の一になってしまう恐るべき状況です。

一人っ子政策が遅れて効いて来たわけですが、いまさらそれを撤回すればいいというわけではありません。〇〇年当時の一〇－一四歳が出産適齢期にさしかかってきた今はまだ子供も多いのですが（彼らの数が多いので今は大学卒業生も余っています）、〇〇年当時の〇－四歳が出産適齢期にさしかかる二〇年後以降には、親世代のドラスティックな減少が起き（その頃には大学卒人材も大幅な不足になります）、出生率如何《いかん》にかかわらずさらなる出生者数の低下が不可避だからです。他方で、若者が下放された六〇年代後半の文革期に生まれた非常に数の多い世代（彼らも一億二七〇〇万人とほぼ日本人と同数です）が、三〇年あたりから高齢者になっていきます。数の多い今の若者が消費意欲旺盛《おうせい》な三〇代や四〇代前半になるその頃までは、中国の内需はまだまだいくらでも伸びますし、日本もそのおかげで潤うことでしょう。しかしその後の中国は、日本をはるかにしのぐスケールで、凄《すさ》まじいばかりの人口成熟に突入していくのです。中国が移民を出すどころの騒ぎではありません、彼らが億単位で移民受け入れを必要とすることになるでしょう。その横では、日本の半腰のような受け入れ努力など吹っ飛んでしまいそうですね。

インドは大丈夫だろうという方が多いですね。確かに当面、インドの生産年齢人口増加は続きそうです。ですが五〇年後はどうでしょうか。というのも、インドの〇一年時点の人口ピラミッドを見ると、五五年（昭和三〇年）時点の日本とそっくりなのです。つまり、五―九歳の子供（五五年当時の日本の場合には団塊世代）がどの世代よりも数が多く、〇―四歳の子供はそれよりも少なくなっている。恐らくインドの近代史上初めての現象ですが、国が少々豊かになり始めたことで少子化が始まっているのです。「そんなのは続かない」という人もいるかもしれない。確かに昭和三〇年に「いずれ日本の人口は減る」なんて予言しても誰も聞かなかったでしょう。当時の日本はまだ食糧不足で、ブラジルに移民をどんどん出していた最中でした。でもその後の半世紀に、状況はすっかり変わりました。日本や中国ほど極端なペースになるとは思えませんが、私は大なり小なりインドでも少子化が進んでいくものと確信しています。

つまり我々は日本を見限って脱出すべきなのではない。日本のこの状況に耐えて、対応する方策を見出《みいだ》して、遅れて人口成熟する中国やインドに応用していくべきなのです。アジアに低価格大量生産品を売り続けるのではなく、日本で売れる商品を生み出し、日本で儲《もう》けられる企業を育てることで、高齢化するアジアに将来を示す。これが日本企業の使命であり、大いなる可能性なのです。

第9講　ではどうすればいいのか①
高齢富裕層から若者への所得移転を

日本経済を蝕《むしば》む、生産年齢人口減少に伴う内需の縮小。処方箋《しょほうせん》として挙げられがちな、生産性を上げろ、経済成長率を上げろ、公共工事を景気対策として増やせ、インフレ誘導をしろ、エコ対応の技術開発でモノづくりのトップランナーとしての立場を守れといった話には実効性が欠けることをお示しして参りました。

代わりに①生産年齢人口が減るペースを少しでも弱める、②生産年齢人口に該当する世代の個人所得の総額を維持し増やす、③個人消費の総額を維持し増やす、の三つの目標を挙げましたが、具体的には誰が何をするべきなのでしょうか。

第一は高齢富裕層から若い世代への所得移転の促進、第二が女性就労の促進と女性経営者の増加、第三に訪日外国人観光客・短期定住客の増加です。いずれも経済問題のジャンルでは話題になることが少ない、たまに言及されても「経済成長率」などに比べればほんの脇役扱いの事柄ばかりですが、しかし実際には、これら三つには日本経済再生に向け真っ先に取り組むべき意義があります。まず、第一のポイントを解説します。

若い世代の所得を頭数の減少に応じて上げる「所得一・四倍増政策」

仮に日本経済は成熟仕切っていて、貯蓄ももうなかなか増えていかないとしましょう。しかし所得を得、貯金を持っているのが高齢富裕層ではなく若い世代中心であれば、日本人の個人消費の総額は今よりも増えます。消費性向は年代によって大きく違い、子育て中の世代が最も高いということが統計上も我々の実感からも明らかだからです。さらには子供を持つ余裕がない若い世代の所得をもう少し増やすことが、長期的には出生者数増加→生産年齢人口減少ペースの緩和（減少を維持や増加にまで持っていくのが不可能であることはすでに申し上げました）につながります。

つまり若い世代への所得移転を積極的に促進することは、三つの目標に直接貢献するのです。

このことに気づいたのは講演中でした。先ほどの「人口の波」のグラフを見せて、「二〇四〇年の生産年齢人口は〇五年に比べて三割減だ」と解説していたときに、ある若手官僚から目からウロコの意見をいただいたのです。「生産年齢人口が三割減になるなら、彼らの一人当たり所得を一・四倍に増やせばいいじゃないか」と。確かに〇・七×一・四＝〇・九八でして、それができれば日本の現役世代の内需はほとんど縮小しない計算です。

そんな無理な、とおっしゃるかもしれませんが、そもそも人口が激増していた高度成長期に「一〇年で国民一人当たり所得の倍増」が可能だったのですから、生産年齢人口減少の今後に「三五年間で生産年齢人口一人当たり所得一・四倍増」が不可能とは言えないでしょう。そもそも日本の個人所得はまだまだ世界最高水準とはいえません。たとえばスイスは物価も所得水準も日本よりずっと高いですが、日本から貿易収支でも金融収支でも観光収支でも、すべての分野で黒字を挙げています。

若い世代とは誰か。生産年齢人口の中でも、子育てをしている（可能性のある）二〇―四〇代前半を特に念頭に置きます。もちろん男性も女性も含みます。どこから移転するのか。高齢者のうち、亡くなる際に多くの使い残しが見込まれる人たちです。

ある外資系企業が世界同時不況前に行ったという調査結果の伝聞ですが、金融資産（不動産は含まない、債券や株式や貯金だけの合計）を一億円以上持っていた個人が世界中に九五〇万人おりまして、そしてなんと、そのうちの六人に一人、一五〇万人は日本人だったそうです。逆に計算すれば日本人の八五人に一人がこれに該当します。しかもその一五〇万人の日本の大金持ちが持つ金融資産の合計は四〇〇兆円だったそうで、ということは日本の一四〇〇兆円の個人金融資産のうち一〇〇〇兆円は、そこまで金持ちではない中の上のクラスが分散して持っていたということになります。

信じられない方も多いでしょう。ですが考えてみてください。戦後の日本経済の大発展の中で、たとえば従業員持株会や系列企業持株会などを通じて早い段階で今の先端企業の株を多く保有していた方には、目立たずに暮らしているけれども実は世界の基準で考えれば大金持ち、という人が大勢いらっしゃるのですよ。とはいっても彼ら高齢富裕層の資産は、消費に回らない限り企業の売上にはならず、我々下々の者の個人所得にも計上されません。そして、すでにお見せしたような現象、すなわち「税務署に申告された個人所得が〇四―〇七年に一四兆円も増えたのにこの間日本でのモノ消費がまったく増えなかった」という事実は、好況時においてすら、彼らが消費を拡大させなかったことを示しています。一四兆円もの申告所得の増加分、豪邸でもドレスでも高級車でも書画骨董《こっとう》でも買ってくれていれば、日本の小売販売額は史上最高を更新していたのですが。またそうこうしているうちに不況になって、〇八年の一年間に日本人の金融資産は一一〇兆円減ったそうなのですけれども、その一〇分の一の一一兆円でも目減りする前に彼らがモノを買うのに回しておけば、これまた日本の小売販売額は市場最高水準に近いところまで達していたのです。

決して無理な話ではありません。一四兆円というのは一四〇〇兆円超の個人金融資産のたった一％ですよ。毎年その額を使っても一〇〇年分の貯金があるのです。なぜ彼ら富裕層は、この際モノを買えばいいところを、目減りする金融資産をそのまま持ち続けていたのか。政府任せにしていないで自分の資産を守るために自らが行動しなければならないという自覚、そのためには今は運用ではなく自ら消費をすべきタイミングだということを判断する能力がなかったからです。それがゆえに私は、彼ら自覚なき強者＝高齢富裕層から、若い世代への所得移転を促進すべきだと言っているわけです。

私は「困窮している一部の高齢者世帯への給付を減らして若者に金を配れ」と言っているのではありません。すでに引退した高齢者を「オマエも市場経済の中できちんと競争して役割を果たせ」と締め上げても、そもそも人権無視ですし、社会全体の経済効率も上がりません。引退した高齢者までもが市場経済原理によって締め上げられるのでは、社会全体にいたずらに恐怖心ばかりが蔓延《まんえん》して、若い世代まで暗くなってしまいます。ターゲットは、繰り返しますが、一四〇〇兆円の多くを死蔵している高齢富裕層です。

団塊世代の退職で浮く人件費を若者の給料に回そう

「高齢富裕層個人から若い個人への自発的な所得移転」と申し上げました。誰にそんなことを進める力があるのでしょうか。「政府はどういう政策を取るべきか？」と考えがちですが、推進主体は第一に民間企業であるべきです。供給過剰→価格競争に悩む企業自身が、自分の長期的な生き残りのために、自助努力によって、消費性向が高い子育て世代にお金を回し内需を拡大すべきなのです。もちろん税収低下に悩む公共部門にも、同じような努力をすることは求められますよ。税金を払っているのは主として現役世代なのですから。ですがそのために税金を投入しては本末転倒です。

それでは、企業に何ができるのでしょう。一言で言って、年功序列賃金を弱め、若者の処遇を改善することです。特に子育て中の社員への手当てや福利厚生を充実すべきなのです。彼ら若い世代にはたとえ大企業の社員であっても金銭的な余裕はありませんから、手取りが増えた分は使ってくれますし、休みが増えた分は消費活動にも回してくれます。

でもそうはいってもよほど多くの企業が一斉に取り組まない限り効果は出ませんし、取り組んでから効果が出るまでにも少々時間はかかります。世の中全体が動き出せばいいのですが、少数の企業が気づいているだけでは典型的な「鶏が先か卵が先か」の状態を抜け出せません。しかもそのためのイニシャルコストはどうやってカバーするのでしょう。

一義的には、現在進行しつつある団塊の世代の退職によって結構な額が浮いてくる人件費を、なるべく足元の益出しに回さずに（利益は出せば出すほど配当などの形で、あなたの商品を買いもしない高齢富裕層に還元されてしまいます）、若い世代の人件費や福利厚生費の増額に回すということです。先ほど一部上場製造業の決算の合計の数字をお見せしましたが、九六―〇六年度の一〇年間に従業員数が二割減り、少々のベースアップはありますが人件費総額も一四％減っている。これを減らさない、とはいかない場合でも何とか数％の減少に抑えるように努力することが、自助努力の方向なのです。

「給与の増加は生産性の範囲内にとどめておかないと、日本の国際競争力が失われるしインフレになるなどの副作用が生じるぞ」という反論をいただくことがあります。人口の波に関する認識をまったく欠いたままマクロ経済学の一般論だけで考えるとそうなるわけですが、今後五年以内に団塊世代が六五歳を超えて退職して行く日本では、国民の受け取る人件費総額は増加しようがありません。若者一人当たりの給与の増加＝国民の受け取る人件費総額の増加とはならないのです。そのような状況下では、「給与の増加は生産性の範囲内にとどめておかないといけない」のではなく「一人当たりの給与を増加させて人件費の総額を維持していかないと、内需が増加せず、生産性も増加しない」わけです。日本企業は、魅力的な商品の工夫→日本人一人当たりの購入回数の増加→売上の維持上昇→勤労者への配分の増加→各社が同じ行動を取ることによる内需全体の拡大→さらなる売上増加、という好循環を、手の届くところから少しずつ実現していくしかありません。賃上げが先か、売上拡大が先かではありません。賃上げ→売上拡大→賃上げの循環を、まずは小さくてもいいから生み出し、それをゆっくりと大きくする努力、そのためのビジョンが必要なのです。

「赤字で苦しんでいるのに、そんなことなどできっこない」と思われますでしょうか。でもそもそも御社が赤字で苦しんでいるのも、日本の企業社会がお互いに若者を低賃金長時間労働で締め上げて、内需を大幅に損なってきたからなのです。さらには今後四半世紀でさらに生産年齢人口が二五%も減っていくわけですから、どこかで現役の給与水準を上げていかなくては、内需＝あなたの売上は防衛できません。どこかで給与減→売上減→給与減……という悪循環を断ち切る努力をしない限り、御社は赤字体質から永遠に脱却できないのです。「景気回復」は自助努力なしの他人任せではやって来ません。

そこを避け、非正規労働者を使うことでコストダウンし、現役世代向け商品を叩《たた》き売ってからくも生き残りを図っている企業は、結局国内市場の果てしない縮小を促進するだけです。「国際競争力維持のために」と唱えつつ、内需縮小の火に油を注いでいる多くの企業の方々。目先の状況だけ考えれば無理はない行動と同情はしつつも、あなたのやっていることは緩慢な自殺にほかなりません。それに気づかないのはビジョン喪失以外の何物でもないのではないでしょうか。個々の企業が自分で気づいて行動を変えない限り、「景気回復」はないのです。

若者の所得増加推進は「エコ」への配慮と同じ

いやあ、青臭い議論をしてしまいました（笑）。営利で動く企業が、しかも最近は四半期決算次第で株主から締め上げられる立場のその経営者の方々が、いくら長期的には利益に資するからといって、この不況下で、足元では単なるコストにほかならない若い世代の人件費を増やすわけがないですよね。本当は団塊の世代の退職で自動的に人件費総額が下がってきますから、その一部を若者に回してもコストの純増にはならないのですが、普通の会社は一種の条件反射で、その分までもコストダウンをしてしまうでしょう。そして商品をさらに値下げして「消費者に奉仕」する。ですが若者を安い給料で使うことで、日本の消費者の使えるお金がどんどん減っていき、巡り巡ってあなたの売上も減っていくのです。

……って、避けられないことなのでしょうか。日本企業はコストを増やすことには何でも反対なのでしょうか。

であればたとえば、なぜこれほどまでに多くの企業が、「エコ」「エコ」と唱えているのでしょう。ＩＳＯの取得も地方の意欲ある中堅中小企業にまですっかり行き渡った感がありますが、これって目先で考えれば単にコストを増やす行動ですよね。そうなんです。もし日本の企業がどれも近視眼で足元の利益を極大化することしか考えていないのであれば、こんなに皆がお金をかけて、ここまで環境に配慮した企業活動をしているはずはありません。では彼らはなぜそこまで環境配慮にコストをかけるのか。企業イメージアップという目的もありましょうが、それ以上に大きかったのは公害の経験なのではないでしょうか。

高度成長期に多くの企業が、足元の利益を長期的な環境保全についつい優先させてしまった結果、多くの地域で環境が甚大に損なわれてしまった。それどころか健康や人命を損なう例まで続出した。そのマイナスが余りに大きく、誰の目にも明らかになったために、「環境には配慮しよう、目先の利益を少々犠牲にして環境にお金をかけることは、社会的に必要だし株主も許す」という認識が行き渡ったのです。七〇年代にはまだ、「環境を利益に優先するなんてなんという青臭い議論だ」と訳知り顔に話す政財界人がいたに違いない。ですが今や、この厳しい不況下ですら「環境関連のコストを削って、その分配当しています」と自慢する企業は見たことがない。実際にはそういうことをやっている会社があるかもしれませんが、そんなことは到底人に語るべき自慢のタネにはならないのです。

であればこそ、です。今世紀前半の日本の企業社会の最大の問題は、自分の周りの環境破壊ではなく内需の崩壊なのですから、エコと同じくらいの、いやそれ以上の関心を持って若者の給与を上げることが企業の目標になっていなくてはおかしい。本当は「エコ」に向けるのと同等、いやそれ以上の関心を、若い世代の給与水準の向上に向けなくてはおかしいのです。「人件費を削ってその分を配当しています」と自慢する企業が存在すること自体が、「環境関連のコストを削ってその分配当しています」と自慢する企業と同じくらい、後々考えれば青臭い、恥ずかしいことなのです。

そもそも内需縮小は、地球環境問題よりもはるかに重要な足元の問題ですよ。世界的な海面上昇への対処という問題なら、米国や中国に明らかにより多くやるべきことがある。なのに、そういう地球環境問題にはあれほどの関心と対処への賛意を見せる日本人が、どうして若い世代の所得の増大に関心が持てないのか。世界的な需要不足が今の地球経済の大きな問題であるわけですが、こちらはどうみても購買力旺盛《おうせい》な米国や中国のせいではなくて、内需の飽和している日本により大きな責任があると世界中が思っています（今般の経済危機は米国のせいだという人がいるかもしれませんが、米国の経済崩壊は、内需不足に苦しむ日本企業が米国人に借金を重ねさせて製品を売りつけ続けた結果であるということも事実です）。これに対処するのって、政府だけの責任なのでしょうか。私は政府よりも企業の方にずっと大きな責任と対処能力が、両方しっかりあると思っているのですが。

しかも、目先で実施可能な簡単な策もあります。ＩＳＯのように、若い世代への所得移転や子育て世帯への配慮を掲げる企業の守るべき基準を作って普及させることです。強制ではなく、あくまで「できる企業ができる範囲で頑張る」のを顕彰し、消費者に対するイメージアップや人材確保につなげてもらおうという趣旨です。NPOか何かがさまざまな観点から企業の若い世代への所得移転の配慮のランク付けをし、客観的な認証を与え、マスコミもそのような努力を積極的に報道する。それだけで、企業の活動は長期的に大きく変わってくると思います。すべての企業に無理にもっと人件費を払えと強要して倒産などを増やしてしまうのは愚の骨頂。そっちの話は政府の最低賃金制度の徹底に任せつつ、民間としては人件費を増やす意欲と余裕のある企業だけを先に行かせ、それを宣伝させ、結果としてそういう従業員を重視する企業に若者が集まる土壌をつくるべきなのです。

ISOだって必ずしも儲《もう》かっている企業だけがやっているわけではない。小さい会社になればなるほど、経営者（＝同族株主）の志の違いが行動の違いになっています。こっちの話も同じこと、志の高い経営のできる会社に先に行って実践してもらうことが大事なのです。

「言い訳」付与と「値上げのためのコストダウン」で高齢者市場を開拓

さて今までの議論では、控えめに保守的に、企業の売上総額自体はこれまでと変わらないままという前提で、そういう中でも若者への支払い分を増やしていった方がいいのだということを申し上げてきました。ですがもう一歩進んで、高齢者が死蔵している貯蓄を積極的に取りに行く、つまり高齢者にモノやサービスを買わせるということを、戦略的に追求することも可能ではないでしょうか。それにより維持ないし増加できた売上を若い世代への給与に回せれば、内需はさらに成長し税収も安定し、高齢者の支えにもなります。これこそ高齢富裕層から若い世代へのとても有効な所得移転です。

これまでも何度か触れてきましたが、最近になって史上最高益を更新した任天堂、ユニクロ、東京ディズニーリゾートの共通点は、高齢者も若者同様に買い求める商品、すなわちWiiやヒートテック、東京ディズニーシーを開発したということです。いずれも高齢者でも使いやすい、楽しみやすい仕様になっているにもかかわらず、年寄り臭いイメージがない。孫のためだとか、値段の割には質がいいとか、高齢者の好みそうな言い訳もくっついています。同じように、自宅の耐震改修や成人病が改善する温泉旅行、貯金代わりに買って貯蔵できる高級酒や書画骨董、健康にいい無添加食品など、高齢者市場が拡大しうる分野はまだ無数にあります。彼らが中心に保有している日本人の金融資産の一%、一四兆円でも企業努力でモノ購入に向けさせることができれば、政府の景気対策の何倍もの効果があるのですよ。オレオレ詐欺だけにこの市場を開拓させておくというのは、余りに惜しいことです。

それでは、先ほどもさんざん語って参りましたが、車だの住宅だの電気製品だののような、一人の消費者が買う量が限定されているような商品、それも現役世代を中心に相手にしている商品の場合はどうなのでしょうか。

たとえば自動車産業。全体的には不振の中、よく売れているのがハイブリッドカーで、レクサスブランドの売れ行きも非常にいいそうですね。これらの成功は、すでに何でも持っている高齢者に買い替えの「言い訳」を与えることがいかに重要かを示しています。つまり彼らは若い頃ほど車に乗るわけではないので、少々車が古くなったとて、買い替えずに我慢しておくこともできないわけではありません。ただ実際にはお金も十分あるので、何か「これは決して無駄遣いではない」という言い訳さえ与えてもらえれば、モノを喜んで買いに走るわけです。ハイブリッドカーの場合の言い訳は実利面と理想面と二つもあります。前者がエコカー減税や買い替え補助金であり、後者が「地球環境を考えるのはいいことだ」という大義名分です。このように利得とタテマエと両方の言い訳があれば、人間は抵抗少なく購買行動に走ります。決して安くないハイブリッドカー、レクサスブランドならなおさらですが、それが売れていることには、価格よりも「言い訳」の方がキーファクターになっていることがよく表れています。

地上波デジタル化対応の液晶テレビの売れ行きが良かったのも同じ理由です。命の次に大切なテレビが映らなくなってしまうかもしれないのは困るから、というのは高齢者にとって最高の言い訳です。ついでにいえば、買い替えた方が省エネになるという言い訳もくっついています。これらが言い訳である証拠に、高価な大画面のものもよく売れている。「どうしても買い替えないわけにいかないから」と世間と自分に対してつまらぬ言い訳をしておいて、実際には大きい画面で見たいという欲求を満たしているのです。

以上は「得だから」「省エネだから」というような言い訳で売れているものでしたが、数ある「言い訳」の中でも特に強力なのは、「これは数少ない自分の趣味の関係のものだから」という奴です。「自分へのご褒美もたまにはいいじゃあないか」ということですね。たとえば景気が急に悪化した〇八年の一二月に、フェアレディZがフルモデルチェンジしましたが、翌年聞いたところではやっぱり計画の二倍売れたそうです。

ちなみに日本ではフェラーリも相変わらずよく売れていますし、ハーレーダビッドソンは二四年も連続で販売台数が増えているそうです。国内の二輪車市場が全体では最盛期の十数%にまで縮小してきたことの影響を一切受けていないのはなぜなのか。Zもフェラーリもハーレーも、青春時代の憧《あこが》れにこだわる元若者（＝定年退職前後の人たち）を相手にした商品だからです。子供が巣立ち家のローンも片付いて余裕の出てきた彼らが、「これまでの自分へのご褒美」ということで、退職金の一部でもつぎ込んでくれるだけで、売上は確保できるわけです。フェラーリやハーレーの売上の過半が、関連するグッズやサービスであるという事実も、高齢者市場を相手にする際にはニッチな趣味人にフォーカスすることが大事だということを、象徴的に示しています。

この話にはもちろん難点もあります。難しいことだから、企業がなかなか手をつけないのです。何が難しいのか。高齢者の個別の好みに対応してカスタマイズした商品を出そうとすれば、生産ロットがどうしても小さくなるので、自然体でやっていては商品一個当たりの生産コストが大きく増えてしまいます。ところがそのコストをそのまま価格転嫁してしまいますと、値段が極端に高くなって、貯蓄防衛意識の強い高齢者は買ってくれなくなります。実際にはうまく前述の「言い訳」を商品に付随させることで、ある程度までの値上げは可能ですが、それでも生産コスト上昇分をすべて吸収するのは相当に困難です。

ということで成功のカギは、①高齢者の個別の好みを先入観を排して発見すること、②高齢者が手を出す際に使える「言い訳」を明確に用意することに加え、③多ロット少量生産に伴うコスト増加を消費者に転嫁可能な水準以下に抑えること、になります。私はこの③を「値上げのためのコストダウン」と呼んでいます。世界市場を相手に廉価大量生産販売に特化してきた大企業には不得手、ないしロット的に魅力とは映らない領域ですが、今世紀の日本で成功している企業は大なり小なり必ずこれに取り組んでいます。コンビニエンスストアやユニクロ、野菜を多用するようになった最近の日本マクドナルドなどは、その典型ですね。これらは大企業ですが、一般にはむしろ、市場規模の限定された特定地域において特色あるローカルな需要に対応してきた地方の中小企業にこそ、これに対応する能力が培われていることが多いのです。彼らの中から次代を担う群雄が続々出てくることでしょう。

生前贈与促進で高齢富裕層から若い世代への所得移転を実現

まずは企業が長期的な生き残りのために自分で、ということを強調して参りました。ですがそこで終わりますと、政府の役割に触れないのはけしからんと言われます。たとえば「若者への人件費増額に前向きな企業に補助金を支給しろ」というご意見が出るわけですが、私は各企業が冷静に真剣に金儲けすれば解決するような分野にまで税金の投入を求める方々の思考回路に、強い違和感を覚えます。

先ほども申し上げましたが、年間四〇兆円程度の税収しかないにもかかわらず八〇兆円以上を使っている日本政府に、これ以上どの程度のことを期待できるのでしょうか。さらに申し上げれば、若者への所得移転促進の直接の受益者は、政府よりも企業です。政府は若い世代からだけではなく高齢者からも税を徴収できますし、高齢富裕層に国債を売ることで目先の資金繰りをつけることもできます。ですが民間企業の場合には、消費性向の高い年齢階層に所得が回らない限り、売上増加がなかなか見込めません。より困っている方が自ら動く、これが市場経済の基本です。「景気対策といえば政府がやるもの」という固定観念を植え付けられている多くの論者は、市場経済を生きる資格がありません。

ですが、直接に財政を痛めずとも、政府にはできることがあります。生前贈与の促進です。先ほど日本人の相続（受け取る側）の平均年齢がもう年金受給年齢に入った六七歳であるという話を申し上げました。これでは、受け取った側が相続財産を旺盛に使うことは望めません。何かあったときの保険として貯金を殖やし、結果的にはそのほとんどの方が大幅な使い遺《のこ》しをして亡くなる。その相続人がまた平均六七歳で相続をして貯金をして……そういう連鎖を少しでも断ち切るために、生前贈与を促進する策を取って、一気に若い世代への所得移転を進めるべきなのです。促進策としては、「〇〇年以降、金融資産や貴金属の相続に関しては、相続税の基礎控除額を大幅に減らし、課税対象拡大部分に対応した最低税率は低く設定する一方で、最高税率は上げますよ。お困りの方はそれまでに生前贈与をしてはいかがですか」と宣言するのが効果的ではないでしょうか。

九〇年代以降の減税の結果、相続税を納めるのは相続人の四％少々にまで減り、納税額も年間一二兆円程度にとどまっているそうですので、これを再拡大しても理不尽とは言えますまい。実際に（旧）税制調査会もこのところそのように答申をしていました。また私の案では、課税拡大対象は金融資産や貴金属ですので、不動産を泣く泣く手放すという事例の増加にはなりません。むしろそれで不動産に資産が逃避すれば、内需拡大にもつながります。またこれまで相続税支払いを免れていた普通の中流の小金持ちにも若干の税金がかかるようになりますが、最低税率は五―一〇％程度と思いきり低くすれば国民生活への実害は少なく、他方で十分に生前贈与促進効果があると思われます。

ところがこの生前贈与促進については、「それだけでは、たまたま親が豊かな若者しか潤わない」という反論を受けたことがあります。その通り。実際には普通の中流層が数百万円を子供に渡すだけでも大きな効果がありますので、大金持ちだけを念頭に置いているわけではまったくありませんが、「数百万円をいま子供に渡すなんて夢のまた夢」という普通の暮らし向きの人も多数いらっしゃるでしょう。

ですが、私がここでお話ししているのは日本経済の活性化策、具体的には個人消費の増加策であって、直接の格差是正策ではありません。むしろ高齢富裕層が死蔵している貯金のいささかでも若い相続人の手に渡って消費に回れば、その分企業の売上が増え、まじめに働いている若者にも給料という形で分配されます。たまたま親が豊かな若者とそうでない若者の「格差」は是正されませんが、親からの財産相続が期待できない若者でも、自分の給料が上がれば絶対的な生活水準は上がります。

ある高名な経済学者（私とは異なるご意見を多々おっしゃっている方ですが）が、ある雑誌で、「問題は格差ではなく貧困だ、格差解消ではなく貧困解消が大事なのだ」と書いていました。

まったくおっしゃる通りだと思います。「相対的な格差はないけれども皆が貧乏だ」という、キューバやブータンのような状態になれというのは困難ですよ（残念ながらキューバでもブータンでもむしろこれから経済活性化に伴って格差が拡大してしまうのです）。そうではなくて、格差はあるかもしれないが、仮に底辺層であっても少なくとも普通に人間らしい生活が送れ、普通に子育てもできる（さらにこれは私の年来の持論ですが、子供世代に対しては親の収入にまったく無関係に機会均等が保証されている、逆に言えば親が金持ちでも子供はそれだけで有利にはならない）ということが重要なのです。格差是正ではなくて、一定の絶対水準以下に落ち込んだ社会的弱者の、人間としての最低限ラインまでの救済こそが必要です。当然そこまで落ち込んでいない人との格差は残りますが、少なくとも「貧富の差に関係なく受けることのできる教育と平均寿命は違わない」というようなところが目指すべき水準になるのではないかと思っています。

どうも格差是正と叫んでいる人の中には、金持ちではないけれどもこの最低限のラインから考えればまだはるかに恵まれた生活を送っている人も多数いる。そんな連中にまで税金を差し上げる必要はない。他方で、本当に最低限のライン以下に落ち込んでいる人もどんどん増えているのに、むしろ支援の手が届いていなかったりする。このような事態を何とかするには、「格差解消」という相対的な概念を追求するのではなく、「絶対的な貧困の解消」、つまりある絶対的な水準（それはその時代ごとに相対的に決めることになるのではありましょうが）の下に落ち込んでしまった貧窮者の救済をもっと明確に進めるべきなのです。

ただおかげさまで日本の国では、増えてはいるのでしょうが絶対的に貧困な人は絶対的な少数者でもある。そういう人だけを救うという政策は民主主義的には不人気になりがちです。皮肉にも絶対的貧困者の予備軍が、かえって自分より下の本当の貧困層を締め上げる策に賛成する、というようなことが起きかねません。これに対しては、最底辺に落ち込む人を皆で助けることで「自分もいつ絶対的貧困に落ち込むかわからない」という恐怖から皆で解放されようじゃあないか、という意識を社会的に醸成するしかありません。

恐らく以上をお聞きいただいたご年配の方の中には、非常に腹を立てられた方もいらっしゃいましょう。「年寄りを金づるか何かと思っているのかもしれないが、なめるなよ。我々からさらに金を奪おうというのか。そんな口車に乗せられて金を手放してみろ、リア王ではないが、あとで子供からどんな仕打ちに遭うかわかったものではない」と。「年金も高齢者福祉も本当に大丈夫なのかわからないのに、虎の子の財産まで奪おうというのか」とおっしゃりたい方もいらっしゃるでしょう。

私は増税をしろとか福祉の水準を切り下げろとか言っているのではありません。いずれ相続に回るだけの財産の余裕がある方に、「一部を早めに子供に渡して節税してはいかがですか」と申しているだけです。やるやらないは任意ですし、いつまでもそういうことを勧めるわけにもいかないので、時限を切って実施してはどうかと提案しております。

さらに申し上げれば、「年金も高齢者福祉も本当に大丈夫なのかわからない」のはなぜでしょうか？ 政府が税収の二倍ものお金を使うという状況が慢性化して、もう首が回らなくなっているからです。無駄な支出は削るにしても、今や政府の予算の多くが医療福祉関連予算です。税収を少しでも増やすことを考えなければ、安心の未来は開けません。福祉予算が切り下げられたり、高齢者まで増税の標的になったりするくらいであれば、（余裕のある方の場合ですけれども）まずは財産の一部を気持ちよく子供世代（お好きであれば孫世代でもいいです）に渡すことで経済を活性化し、それをもって財政を守り自己防衛の一助とすることをお考えになってはいかがでしょうか。

第10講　ではどうすればいいのか②
女性の就労と経営参加を当たり前に

前のところでは、高齢富裕層の貯蓄を若者に移転するだけでも大きな違いがあるということを申し上げて参りました。ここではもう一つ、さらに容易に手を付けることができる、しかも効果も極めて大きい策を申し上げます。

戦後日本の経済を押し上げたロケットの一段目が団塊世代、二段目が団塊ジュニアであるとすれば、我々はまだ点火していない三段目のロケットを残しています。それは専業主婦に代表される、有償労働をしていない女性です。その力は、経済活動・企業活動での「男女共同参画」を進めることで、極めて有効に活用することができます。

現役世代の専業主婦の四割が働くだけで団塊世代の退職は補える

これまで日本の経済界、企業社会は驚くほどの男社会で、女性の参加促進をまったく本気でやって来ていませんでした。ですがどんどん生産年齢人口の減っていくこの日本で、いつまで生産や経営は男だけが担うというスタイルを続けるつもりなのでしょう。そのことがどれだけ日本経済の足を引っ張っていることか（さらにいえば国際社会からの蔑視《べっし》を招いていることか）、いつになったら気づくのでしょうか。

まず単純に頭数の問題です。日本の女性は四五％しか有償労働をしていません。正社員だけではありません、ハケンでもパートでもとにかく一週間に一時間以上、お金をもらって働いた人をすべて合計しても、女性の二人に一人は満たないのです。つまり今の日本では、総人口の三割近い三五〇〇万人もの女性が、給料の出ない専業主婦や学生や家事手伝いをしています。その中には高齢者の方も多いわけですが、生産年齢人口の専業主婦だけを取り出しても一二〇〇万人もいらっしゃいます。

ところで今退職年代に入りつつある団塊世代のうち、有償労働をしていたのは五〇〇万人余りです。ということは、生産年齢人口の専業主婦一二〇〇万人のうちの四割が、（正社員であればもちろんいいのですが臨時採用でもハケンでもパートでもいいので）とにかく一週間に一時間以上お金をもらって働いてくだされば、団塊世代の退職が雇用減・所得減という形で日本経済に与えるマイナスインパクトは、なかったことになってしまうのです。

特に心配なのは団塊の世代が担ってきた分の内需の減退ですが、これだけの数の女性が新たに給料を得、その分我慢せずにモノやサービスを買ってくだされば、実はお釣りが来て内需を支えることが可能です。団塊世代のオジサマよりも、女性の方が買いたいものが多いですから。「オマエは俺の給料を無駄遣いするのか」と旦那《だんな》に嫌みを言われながら我慢していた分を、「これは私が稼いだ分だから使っていいでしょ」と堂々と消費してくだされば、日本の内需は革命的に向上します。その分企業の売上は増え、女性の雇用は（もちろん若者の雇用も）さらに増やすことが可能でしょう。

私は、「外国人労働者導入は必然だ」と主張する議論を読むたびにいつも思うのです。あなたの目の前に、教育水準が高くて、就職経験が豊富で、能力も高い日本人女性がこれだけいるのに、どうして彼女らを使おうとせずに、先に外国人を連れてこいという発想になるのか。日本女性が働くだけで、家計所得が増えて、税収が増えて、年金も安定する。そもそも女の人が自分で稼いでお金を持っていただいた方が、モノも売れるのです。車だって洋服だって日経新聞だって、働く女性が増えれば今以上に売れることは確実です。

ところがそれがわかった人の中にも、「女性を使う前に一度退職した高齢男性を再雇用しろ」とおっしゃる方もいらっしゃいましょう。ですが高齢男性では内需拡大効果は限定されてしまうのです。孫のためにくらいしかお金を使わずに、後は本当の老後に備えて貯蓄してしまうだけですから。ところが最近はその孫も少ない。逆に女性であれば、何歳になっても収入さえあればおしゃれな服や高い化粧品を買ってくれるのです。高くて量が少なくておいしいものも買ってくれる。一度退職した高齢男性を再雇用するよりも、現役世代の女性を雇う方があなたの売上も上がるのです。

しかもこれは、外国人労働者を導入するのと違って、全然追加的なコストがかからない話です。日本人の女の人は日本語をしゃべれるし、多くが高等教育を受けていますし、年金や医療福祉のシステムを今から新たに増強する必要もない。彼女らが働いて年金だの保険料だのをさらに多く払ってくれれば、なおのこといいわけです。元気に働く高齢の女性が増えれば医療福祉の支出も下がりますし、所得税収だって増えます。

しかも日本女性の就労率四五％は、世界的に見てもずいぶんと低い水準です。たとえばオランダでは七割くらいあると聞きますが、彼女らも昔からそうだったわけではありません。人口が高齢化していく中で、昔は三割くらいしかなかった女性就労比率がどんどん上がっていったのです。日本だってそうならないはずはない。専業主婦の全員が「私は働きたくない」っていうのであれば仕方ないのですけれども、四割くらいは「短時間でもよくて条件に合う仕事があれば、働いてもいい」っていう人がいるでしょう。その人たちが働きやすくするだけで結構。それだけで向こう一〇年一五年ぐらいは、経済的にはまったく生産年齢人口減少がなかったのと同じ状況を作り出せるのです。

さらに先入観を取っ払って考えましょう。女の人を単純労働力として便利使いしているだけではいけません。日本企業は明らかに、企画に参画する女性、経営に参画する女性、そして女性経営者を増やすべきなのです。というのも日本では、財布の紐《ひも》を女性が握っています。これは最近始まったことではなく、どうも家族制度が母系制だった古代に遡《さかのぼ》る伝統のようです。ですから、女性が企画した方が売れる商品が作れます。さらに女性が経営することで、長期的に女性の心を捉《とら》え続けることのできる企業が成立するはずなのです。

ところがほとんどの企業は「女性を経営側に入れて女性市場を開拓する」という可能性をきちんと追求していない。ミクロ経済学が前提としているところの「市場経済の各プレーヤーが利潤最大化に向けて工夫の限りを尽くす」という行動をできていないわけです。生産年齢人口増加が続き市場が自動的に拡大していた半世紀、ひたすら生産能力さえ増やせば儲かったという体力勝負の時代に、男性中心の軍隊組織で一斉突撃をして成果を挙げてきたという成功体験の呪縛《じゅばく》から脱《ぬ》け出ない限り、今世紀に生き残る展望は開けてきません。

若い女性の就労率が高い県ほど出生率も高い

ところが、どこでも同じなのですが、こういう話をしますと驚くほど多くの方が納得しない表情になります。「女が今以上に働くとさらに子供が減るのではないか」と心配されるのです。これは老若男女問わずに本当に根強い思い込みです。

実はこの問題は、「身近に起きている個別の事実から帰納して、一般的なセオリーを導き出すことができるかどうか」という能力を試すのに、好適なテーマです。

それではお聞きしますが、日本で一番出生率が低い都道府県はどこでしょう。東京都ですね。それでは東京都は、女性の就労率が高い都道府県だと思いますか。低いと思いますか。高いと思いがちですよね、でも事実は違います。東京は通勤距離が長い上に金持ちが多いので、全国の中でも特に専業主婦の率が高い都道府県なのです。逆に日本屈指に出生率の高い福井県や島根県、山形県などでは、女性就労率も全国屈指に高いのですよ。

同じくお聞きしますが、専業主婦の家庭と共働きの家庭と、平均すればどちらの家庭の方が子供が多いでしょう。これまた専業主婦で子沢山という、ドラマに出てくるような例を思い描いてそれが全体の代表であるように考えてしまう人がいるでしょうが、事実は違います。共働き家庭の方が子供の数の平均は多いのです。

数字を見てみましょう。この図（二三一頁図30）は、二〇代、三〇代の若い女性がフルタイムで働いている率と、合計特殊出生率との関係を、都道府県別にみたものです。この通り、強くはありませんがそれなりの正の相関が観察されますね。少なくとも若い女性が働く県ほど出生率が低いというようなことはまったくありません。これは多くの方の先入観に明確に反している事実ですが、先進国ではいずれも普遍的に観察される現象でもあります。

ここでご注意いただきたいのですが、相関関係というのは因果関係ではありません。若い女性が働く県ほど出生率が高いという現象（＝相関関係）が観察されるのは事実ですが、若い女性が働くことが原因で出生率が高くなるという原因結果の関係（＝因果関係）があるとは限らないのです。アメリカでは「蚊の多い地域ほど結核患者が多い」という相関関係が見られるそうですが、これはもちろん蚊が結核の原因になっているからではなく、「暖かい地域ほど蚊が多いし、それとは別に結核患者の療養所も暖かい地域に多く設置されている」というのが理由です。同じように若い女性が働く県ほど出生率が高いという事実も、若い女性が働くというのと出生率が高いというのとに共通する第三の理由がある可能性は十分にあります。たとえば親との同居が多いとか、結婚すれば共働きは当たり前という気風がある、というのは有力な候補です。

ですが第三の理由があろうとなかろうと、「若い女性が働くと子供が減る」という命題は、疑う余地のない反証によって明確に否定されているわけです。考えてみれば、江戸時代から高度成長期までの農民はほぼ全員共働きでしたし、共働きですが日本史上で考えれば最も子

図30　20—30代女性の就業率と出生率

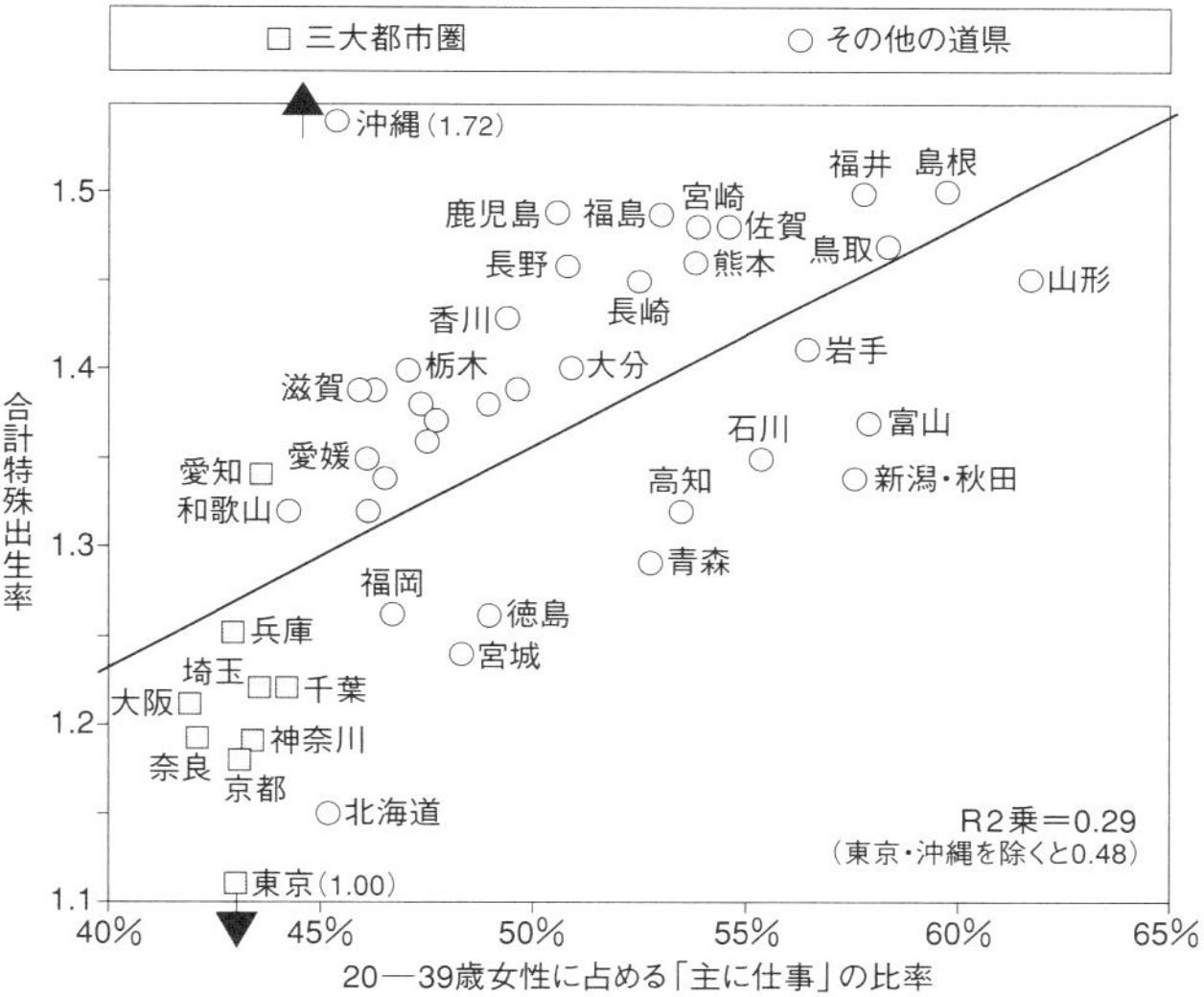

［資料］就業率：総務省「国勢調査」05年／出生率：厚生労働省「人口動態調査」05年

沢山で出生率が高い人たちでしたね。そういう歴史的事実とも、この結果は符合します。

日本のお受験エリートの思考様式の大きな欠陥がここです。彼らが得点競争に勝利してきた試験の世界では、「理由つきで証明されている」ことだけが出題されてきました。その結果として、証明つきでオーソライズされた命題はたくさん覚えているのですが、証明ができない命題にどう対処するかという訓練ができていないのです。

そんなの対処しようがないって？　違います。証明はできなくとも、反証があるかどうかは簡単にチェックできる。反証のないことだけを暫定的に信じる、明確に反証のあることは口にしないようにすることが、現代人が本来身につけておくべき思考法です。実際には世の中の事象の多くは証明されていない（証明不可能な）ことなのですから、反証があるかどうかを考えて、証明はできないまでも少なくとも反証の見当たらない命題だけに従うようにしていれば、大きな間違いは防げるのです。

ところがこと社会的に何か動きを起こそうとすると、反証の有無は無視されて、証明の有無だけが決定的に重要とされがちです。最悪の例が水俣《みなまた》病でしょう。水俣病の原因は、工場から垂れ流された廃液の中の有機水銀化合物だったという事実は、今では社会的に広く認知されています。ですが当時そのことは、学問的には証明できていませんでした。そこをタテに、つまり「水銀が奇病の原因とは論証できていない」という口実で、当時の通産省は廃液への規制をなかなか行わず、その間も被害が拡大したのです。ところが実際に廃液垂れ流しを止めてみると、水俣病の新規発生も止まりました。つまり、有機水銀化合物が水俣病を起こすということは「学問的には論証できなかった」のですけれども、「有機水銀化合物がなければ水俣病は起きない」という反証は成立したわけです。このように実際の世の中には、論証を待たずとも反証を検証して実行に移すべき政策があります。そこを認めないでぐずぐず論証を待っていると、ヘタをすると人の命まで失われてしまう。

女性就労と出生率の話もまったく同じような構造で、「若い女性が働いている県の方が出生率は高い」という事実を、理由はともかく事実として認めないと、日本経済が死んでしまいます。よく誤解されるのですが、「出生率を上げるために女性就労を促進しろ」と言っているのではないですよ。「内需を拡大するために女性就労を促進しましょう。少なくともその副作用で出生率が下がるということはないですよ」と言っているのです。

そうはいっても皆様に腑《ふ》に落ちていただかないと仕方ないので、「なぜ若い女性の働く都道府県の方が合計特殊出生率が高い」という相関関係が観察できるのか、理由を推測してお話しします。あくまでも推測でして、証明はできませんが、どれかによって少しでも多くの人が「腑に落ちた」という思いになっていただければ幸いです。

推測できる理由の第一は、いまどきダブルインカムでないと、子供を三人持つということはなかなか難しいからということです。普通の家庭の収支バランスを考えれば、皆さん簡単にご実感できることではないでしょうか。なぜ子供三人という話が出るのか。人口水準を維持するには二・一程度の出生率が必要ですが、三人以上産んでくださる人が相当数いない限りは当然出生率は二を超えません。ということで、たまたま子供を産むのに特に向いた体質・性格を持った人がいた場合には、経済的な制約にからめとられることなく三人以上を産み育てていただける社会構造にしておく方が望ましく、そのためにはダブルインカムのご家庭を増やすことが近道なわけです。

理由の第二は、共働きであることにより、会社に行くことやその間は保育所などを利用できることで、あるいは親の手助けをより受けやすくなることで、子育てのストレスが少しは緩和されるということです。さらには若い世代ではかなり当たり前になってきているものと願っていますが、父親も母親も働いていることで、逆に父親もなるべく対等に育児に参加するようになりますと、二人でより多くの子供を育てる意欲が湧いてきます。

実際問題、「男は仕事、女は家庭」という生活スタイルは、高度成長期以前の、国民の多くが農民か商人か職人であった時代には、単なるスローガンであって現実ではありませんでした。そうした家業の世界では奥さんもほとんどが旦那さんと一緒に働いていたからです。零細農民の場合には旦那が炊事の分担も子供の相手もしていましたし、零細な漁師であれば夫婦で船に乗っていました（これは今でもそうですが）。商家であれば旦那が行商に出ておかみさんが差配をするのがごく当たり前のことでしたし、武士にしても下級武士であれば夫婦で内職も畑仕事もしていました。

そうした伝統を忘れ、女性を家の中に無職で閉じ込め始めたのはいつからなのでしょう。生産年齢人口が激増する中で、彼らの多くを企業が戦士として吸収した高度成長期以降のことなのです。女性の結婚退職を勧奨したのは、どんどん学校を卒業してくる若い男性のために席を空けさせなければならないという経済的な要請があったからでした。

でももう十分です。出生率は激しく低下しましたし、新卒学生が年々減り始めた一九九七年以降は、逆に定年退職者が新卒就職者を上回り続けています。よく「俺は仕事をしてるんだ、家庭はお前が守れ」と威張る男の姿がドラマなどに出てきたものですが、今の日本に本当に大事なのは、仕事と称して縮小する市場相手に死に物狂いの廉価大量生産販売で挑むことではなく、家庭を大事にして再び子供が生まれやすい社会にすることでしょう。その重要な責務を、女だけに担わせて男は担わないというのは、時代錯誤も甚だしい。仕事が大事で家庭が後回しというのは、今世紀の日本ではもはや社会悪のレベルに達した考え方です。ここらあたりで歯車を逆に回し、企業戦士の家庭を専業主婦に守らせるという戦後日本に特殊な生活習慣をやめてはいかがでしょうか。

……と、ここまで申し上げてきても、日本で女性の就労を進めるには、さらに三つの壁があります。それは、①男の側の心の壁（「自分は女ではない、男である」ということを誇りに思うように躾《しつ》けられてきた一部男性の「人格形成不全」）、②女の側の心の壁（女が頑張ると女が足を引っ張るというさみしい現象）、そして心ではなく③現実の壁（働く女性の代わりに家事を誰が分担するのか）、の三つです。心の問題に関しては、若者への教育を改善しつつ世代交代を待つしかないともいえますが、最後の問題については、明らかに心強い援軍が存在します。

企業社会から退場しつつある高齢男性です。彼らが社会人として蓄積してきた能力と手際を持って、若い女性の代わりに家事に当たれば、その分彼女たちは所得を得て経済を拡大することができ、高齢男性の側も家族の賞賛を得ることができます。

日本に残された人材のロケットの三段目、未就労女性に点火するためにも、ぜひ一段目のロケットだった団塊世代にもう一踏ん張り果たしていただきたいものと、切に願っています。

第11講　ではどうすればいいのか③
労働者ではなく外国人観光客・短期定住客の受入を

最後に第三の策としてお話しするのが、訪日外国人観光客・短期定住客の増加です。「外国人労働者」の導入ではなく、「外国人観光客」の増加。これは、日本経済のボトルネック＝生産年齢人口の減少が、経済学が想定するような労働力の減少ではなくて消費者の減少、生産力の減退ではなくて内需の減退という問題を生んでいる、という現実の観察から当然に導き出される戦略です。生産者ではなく消費者を外国から呼んで来ようということです。

高付加価値率で経済に貢献する観光収入

内需拡大のために公共投資をせよ、給付金を配れと、いろいろな声があります。ですが、外国人観光客を増やし、その滞在日数を増やし（できれば短期定住してもらい）、その消費単価を増やし、国内でできるだけ多くのお金を使ってもらうということほど、副作用なく効率の良い内需拡大策は他には見当たらないのではないでしょうか。輸出だけによる経済活性化が行き詰まったこの日本で、外国人相手の集客交流促進による「内需拡大」が国や経済界の戦略の一丁目一番地に来ていないようにも見えるということ自体、不可解というか情けないというか、後世のもの笑いの種になることは間違いないと感じております。

正確には政府は、「〇〇年までに外国人観光客〇千万人達成」というような目標は掲げていますし、今般の世界同時不況さえなければ、一〇年度に一千万人という目標は確実に達成されていました。でもいい機会ですので、同じく政府の目標になっている「××年までに外国人による国内での消費×兆円達成」にもっと注目せねばなりません。そうしないと、イベントか何か、とにかく人数だけ容易に増やせるような策に走るのが現場の人情です。人数は増やさずとも、滞在日数や消費単価を上げて最終消費額を増やすことが重要なのです。

「そんな堅いことを言わずに、人数だって目標にしていていいのではないか？」と言われそうですが、一日だけのイベントをやるとかトランジット客（外国から外国に移動する間に空港で乗り継ぐ客）に短時間だけ観光させるとか、人数だけを増やす策の方が滞在日数や消費単価を増やすよりも簡単です。そういう逃げ道を最初から用意しているのでは、楽な方策ばかりが取られまして経済効果が増えません。逆に言えば、「外国人による国内での消費×兆円」という目標を強調すれば、人数拡大も自《おの》ずと手段の一つとして追求されますから、問題はありません。先ほどの、「生産性上昇ではなく付加価値額上昇」、「経済成長率上昇ではなく国内での個人消費の拡大」というのと同じです。

ところで現状の金額を申し上げますと、ビジネス客含む訪日外国人の国内消費額（＝国際観光収入）は〇八年で一兆円程度。日本製品の輸出七七兆円、国内小売販売額一三五兆円に比べればずいぶんと小さいですね。それでも〇一年当時の四千億円からは倍以上に増えました。政府のやることは何だかいつでも条件反射で批判的に言われがちですが、この分野では政府が旗を振ったビジット・ジャパン・キャンペーンの効果が明確に出ています。皆さんにももっと褒めていただきたいところです。

これが今後どの程度まで伸びるかということですが、世界各国の国際観光収入を比較しますと、日本はこれでも絶対額で二八位です。人口当たりに直せば世界の国々の中でも相当の下位になってしまいます。人口が日本の二五分の一のシンガポールでも日本と同等の一兆円程度はありますし、人口二千万人と日本の六分の一以下のオーストラリアや、トルコが二兆円。中国やイタリアが四兆円。世界最大手のアメリカが一一兆円ですから、逆に前向きに言えば、日本にもまだまだ数兆円の伸びしろはあります。それどころか、中国人の一人当たり海外旅行支出は最近急成長しているとはいえまだ日本の一〇分の一ですので、これが日本の半分の水準に達するだけで単純計算の上では一八兆円の国際観光市場が新たに生まれます。真横で需要の大爆発が起きているのですから、それを取り込むことがどれほど大事か、ご理解いただけるものと思います。短期の周遊ではなく滞在へ、そして短期定住へ、客単価を増大させる方向を促進することで、この数兆円の増加は必ず達成できます。

とはいっても数兆円程度の話では、生産年齢人口減少に伴う消費の低下に対して焼け石に水ではないか、とお感じの方もいらっしゃいましょう。確かに、高齢富裕層から若者への所得移転は一四〇〇兆円の個人金融資産を念頭に置いていますから話が大きかったですし、女性就労の促進も団塊世代の退職を補う数百万人の新規就業者を日本に生もうというのですから極めてインパクトが大きい話でした。それらに比べると俄然《がぜん》小粒の話を始めたものだと言われても、余り文句は言えません。

ですが観光収入の多くは人件費に回りますので、輸入原材料を加工して売っている輸出製造業や、薄利多売の小売業一般に比べて付加価値率は高くなります。観光庁の発表した試算から割り算して出した数字ですが、観光売上が一兆円あれば、五千億円が付加価値としてGDPに算入され（つまり付加価値率五〇％）、九万人の雇用と八五〇億円の税収が生まれます。以上は直接効果ですが、間接効果を含めますと、観光売上一兆円から生まれるGDPは二・

三兆円。雇用が一九万人、税収が二二〇〇億円だそうです。つまり数兆円の観光収入増加は、日本経済にとって決してばかになりません。

「観光は、農業から、製造業、建設業、不動産業、金融業、その他サービス業まで、あらゆる地域産業を活性化する総合産業です」というのは、私の尊敬するこの分野の一大実践者兼論客、観光カリスマの山田桂一郎《けいいちろう》さん（スイス・ツェルマット在住）の指摘ですが、この明らかな事実に気づかずに「日本はモノづくり（だけ）の国」と言い張って、しかも内需対応ではなく輸出だけに注力してきたことを、我々は今度こそ真剣に反省せねばなりません。観光はモノの内需も増やすのです。

公的支出の費用対効果が極めて高い外国人観光客誘致

しかしビジョンはともかく、潜在的な市場をどうやって顕在化していくかという戦略・戦術に関しては、多大な工夫と努力、過去のやり方との訣別《けつべつ》が求められます。

特に最大のボトルネックが、旅行代理店、宿泊業者、自治体の観光担当や観光協会、という既存観光関係者の「惰性のトライアングル」です。これは私が山田桂一郎さんなどと一緒に数多く講演させていただいている分野なのですが、その詳細は一冊の本をなすべきものなので、今回まったく触れていないまちづくりの話と同様、別の機会に譲らせていただきます。

以下では、残された論点である政府の関与の話について補足するにとどめることをお許しください。

私はこれまで随所で、「政府に景気対策を要求する前に、企業が生き残りのための行動としてまず自助努力すべきだ」と語ってきました。外国人観光客増加に関しても、既存観光関係事業者の努力が一丁目一番地であるという認識は変わりません。ただこの分野に関しては、諸外国に比しても日本政府の関与が極めて少ないので、その問題も指摘させていただきます。財源がない政府ではありますが、外国人観光客誘致は、費用対効果から考えればもっと歳出を回すべき分野の典型に思えるのです。

日本政府も、観光立国を掲げ、観光庁を設置するなど、観光分野に注力し始めました。しかし彼ら担当者の努力にもかかわらず、観光分野への実際の政府予算配分は微々たるものです。たとえば外国人観光客を誘致するのが任務の「日本政府観光局」。世界各国が持っている組織ですが、日本の場合には観光庁所管の独立行政法人「JNTO」がこれに当たります。この組織の存在自体をご存じでしたでしょうか。このJNTOの年間予算は〇八年度で三四億円。うち政府の補助は二〇億円のみで、あとは民間企業の賛助金や自前の調査・統計の売上など。職員数は海外事務所の現地採用含め一四〇人弱といったところです。

これに対して、たとえば人口が日本の一六分の一しかないスイスの政府観光局（同じく特殊法人）では、職員が二二〇名余り、年間予算は七〇億円程度（うち政府補助四二億円）です。ちなみにスイスは連邦制国家でして、もちろんこれ以外に各地域が観光のプロを養成して自前の観光局を持っています。人口が日本の二五分の一のシンガポールを見ますと、職員が五七〇名、年間予算は一二〇億円となっています。国力や人口に比して、日本では余りに国際観光に力が入っていないということがおわかりでしょうか。実際にもマンパワーや予算に余りに制約が大きいもので、外国人観光客誘致の本当のプロの育成が十分にできていませんし、海外事務所などの現場は「いくらでもやるべきこと、できることはありながら、手が回らない」という厳しい現実に直面しています。

何も、「人口比でシンガポール並みに、年間三千億円かけろ」というつもりはありませんが、たとえばこの予算を（たったの）一〇〇億円増やした結果として、外国人観光客の国内消費が年間一兆円から二兆円へと倍増するとすれば、兆円単位を使ってもその全額が消費に回るとはまったく限らないいろいろな給付金だの手当てだのに比べても、恐ろしく効率のいい買い物です。現実に政府が「ビジット・ジャパン・キャンペーン」を始めてからの一〇年弱で、日本を訪問する外国人の数も国内で消費する額も倍以上に増えているのですから、決して空想を語っているわけではありません。いまどき政府関与の潜在的な経済効果がこんなにある分野は、なかなか存在しないのではないでしょうか。なぜこの成長機会が放っておかれたのでしょう。

硬直化した縦割り予算システムの中でまとまった予算の付け替えができてこなかったこと。「政府の仕事はマクロ政策による経済成長率の確保だ」という強い先入観のある中、自国の観光面での魅力を外にアピールするというミクロ政策がお留守になりがちだったこと。「日本はモノづくり（だけ）の国だ」という同じく強い先入観のある中、モノの輸出だけでなく観光客受け入れも外貨獲得の手段だという認識がなされてこなかったこと。そもそも観光振興は工場誘致などに比べてよほど地域の経済力の底上げに資する施策であることが理解されてこなかったこと。このあたりが、つまりは惰性と先入観が原因なのだと思います。国よりもまず企業の努力、と思う私ではありますが、この点についてはぜひ改善を願う次第です。

もう一つ、日本を訪れる多くのアジア人観光客にとっては、ビザ取得もネックです。相手国にもよりますが、当方から観光でその国を訪問するときはビザは不要なのに、先方から観光で日本に来るときは預金の残高証明などをくっつけてビザを申請せねばならない、という状況があります。不法就労防止が理由なのですが、わざわざ日本まで来るようなアジア人観光客はお金持ちで、日本人などよりはよほどいい家に住んで贅沢《ぜいたく》な暮らしをしているだけに、むしろ滑稽《こっけい》な感じすらします。

私は不法就労を認めよといっているわけではありませんが、「どの国からの人であっても、観光客は日本にとってとてもとても大事なお客さんなのだ」ということを根底から認識した上で、年々制度を改善して行っていただきたいと願っています。

補講　高齢者の激増に対処するための「船中八策」

以上、日本経済の再活性化のためにはどうすればいいのか、というテーマで、「生産年齢人口減少」への対処策を語って参りました。お気づきになりましたよね、その中で私がもう一つの重要な話を意図的に避けていたということを。人口の波の生むもう一つの大問題、「激増する高齢者に対応してどのように医療福祉や生活の安定を維持していくのか」という安心安全確保の話を、以上ではまったくお話ししてきませんでした。それは問題がないからではなくて、問題が大きすぎるからです。

ただそれでは余りに無責任ですので、最後に私個人の考える基本的な方向性だけ、幾つか示させていただきます。ただし事実を論理的に展開してきたこれまでと違って、以下お話しするのはまったく全部私の思いつき、言わば「自説」です。

いわば坂本龍馬《りょうま》の「船中八策」のようなもので、あくまでざっくりとした大局的なビジョンであり、具体的にどうやってそうするのかという戦略も個別の戦術もお話ししません。それはずっと先の問題です。ですが、ビジョンなくして戦略なく、戦略なくして戦術はありません。今の日本の医療福祉を巡る議論は、ビジョンや戦略を生産年齢人口が増加していた時代のままに放置しつつ、余りにテクニカルに戦術だけに走りすぎていないでしょうか。

「暴論」と片付けられるのを覚悟で、誰がどう努力しても究極的にはこうするしかないであろう、という見通しを語ります。

高齢化社会における安心・安全の確保は第一に生活保護の充実で

第一に、減り行く現役世代が主として負担する政府の資金は、普通に暮らしていけるだけの蓄えのある人（高齢者も含む）の生活支援には回すべきではありません。限られた政府のお金を個人を対象とした助成に回す場合には、本当に困窮した人、社会的弱者を救済することに集中的に使い、所得に関係なく給付されるような給付金、減税、所得控除の類《たぐい》は廃止していくべきではないでしょうか。

と言っておいて恐縮ですが、医療と教育はその例外とします。医療に関してどこに線を引くかは保留しますが、病気怪我のリスクの大きさを考えると、現行の医療保険がそうしているように普通人でも支援を受けられる体制を維持することが重要でしょう。また私は高校までの教育は無料である（＋大学レベル以上に関しては、意欲さえあれば、借金ではない奨学金を獲得する機会が豊富にある）べきだと考える者です。少子化は進む一方なので、公教育関連予算の絶対額は増やさないでも対応できますし、何よりも「親にお金がある子供が、親の力ゆえに不当にアドバンテージを得て有利な地位を得るような社会は、国際競争に負けるか、国内の社会秩序が自壊するか、どちらかで滅びる」という強い危惧《きぐ》を持っているからです。

これは、よく言われる「親が貧乏でも能力ある子供には、機会が均等に与えられるべきだ」というのとは、同じことを言っているようで趣旨が異なる主張です。私は能力ある人間が貧困ゆえに抑えつけられることも問題だとは思っていますが、彼らが上ってこられない分「それほどの能力がないのに地位を得る人間の増えること」の方が、さらに一層社会に害悪をなすことだと思っています。本当に能力のある人には、少々抑えつけられても結局芽を出してくることが期待できますが、能力のない人間が地位保全だけに汲々《きゅうきゅう》として高い位置に巣くっているのを除去することは、極めて困難ですから。ちなみにここでいう能力というのは、お受験関係者が「能力」と勘違いしているような「テストで点を取りいい学校に入学するスキル」ではなく、普通に生きて十分に稼いで楽しく家族と暮らしながら人とコミュニケートし力づけ、社会にも貢献していく力、つまり「生きる力」のことです。

ですが、以上のような教育・医療関連以外は、政府の諸給付を生活保護に一本化してもいいのではないかとすら思っています（農家含む個人企業を対象に生活支援ではなく産業政策として給付される補助金はここには含みません。それらの是非はここでは論じないことにします）。

そもそも個人に政府のお金（＝皆で持ち寄った税金）を渡すのであれば、それを貯金してしまうようなゆとりのある階層にまで対象を広げていては経済効果（内需拡大効果）がその分減殺されてしまいます。「資産効果が期待できる」と、教科書に書いてある抽象的な話（事実からの検証がないという点では理論とは言えず、ほとんど風水の話に近いと思いますが）を振りかざす方は、もう一度前の方を振り返って、なぜ最近までの「戦後最長の好景気」の下で小売販売額に資産効果が働かなかったのかを考え直してみてください。そうではなく生活保護や母子家庭の子育て支援など、低所得者支援に限定してお金を使っていれば、配ったお金はそのまま消費に回り、公共工事などに比べても非常に効率の良い内需活性化効果があったことでしょう。これらは福祉政策であるだけでなく経済政策として有効なのです。

もちろん同じ生活保護でも、働けない子供と老人には手厚く、現役には能力に応じて厳しくということにすべきですし、よくある現役世代の生活保護不正受給に関しては、行政機関が裁量で対処するのではなく詐欺罪の刑法犯としてどんどん起訴し、悪質なものには躊躇《ちゅうちょ》なく懲役を科すべきだと考えます。刑法を適用すれば、たとえばヤクザなどに対しては厳しく、というように、不正受給者の個別事情や生活態度などに応じて量刑判断や情状酌量が柔軟に行えるというメリットもあります。

もちろん働かずに公費に頼る生活保護貴族を増やしてはいけません。ですが老人と子供に関しては、働けという方が無理なのです。彼らに関しては必要最低限の給付はきちんと行き渡るようにすべきです。たとえば貧窮家庭の子供が弁当を持って来られないというような事態に対しては、親ではなく子供に対する支援として無料給食を提供します（給食費を免除します）。ただし一部自治体がやっているような「親の所得に無関係の一律給食費無料化」などというものは、絶対にやるべきではありません。普通に子育てをできるだけの収入のある世帯は、人間として生物として、誇りをもって独力で子育てをすべきなのです。また子供への給付に寄生する親、高齢の親への給付に寄生する成人した子供に関しては、手間はかかりますが高齢者や子供とは切り離し、本人はまず自力で働かせるという方向に誘導せねばなりません。もちろん生活保護関係公務員の員数の大幅増加を前提としてお話ししています。その費用はどうするのかといえば、後に述べますが年金関係の政府支出の大幅削減分を回すべきです。

他方で成人の生活困窮者ですが、その中にも心身に抱えたハンディキャップで十分には稼げない人と、できることを怠けている人がいろいろなスペクトルで混じっています。手間がかかりますが、彼らに対しては個別のリハビリプログラムを組んで、能力に応じて目標を決め、生活改善・生活保護依存脱却を指導していくことが必要ではないでしょうか。その過程では、目標不達成の懲罰として給付水準を一時的に下げるなどが必要になると思います。

また、「そんなことでは、個人が納税したお金は結局生活困窮者の生活支援だけに回るということになる。それでは所得のある人が日本の税金を払わなくなるのではないか」とご心配の方へ。ご心配無用。日本人のほとんどは歳を取れば取るほど外国では暮らせません。言葉の問題が最大ですが（日本語以外で医者にかかれるだけの外国語会話力のある人は本当に限られていると思います）、水にしても食事にしても気候風土にしても、日本の特殊に恵まれた環境に慣れ親しんだ人間はとうていこの列島を出て行けるものではありません。出て行っても いずれ帰りたくなります。それでも出て行ける人は、もちろん出て行くのは自由ですが、この日本語をしゃべれる人間（外国人含む）にとっての天国・日本を終《つい》の棲《す》み家《か》にしたい人には、その日本の治安や経済を守るためにそれなりのご負担はいただくということです。そしてそのように日本を選んだ人は、万が一働けなくなっても、動けなくなっても、社会的弱者になった限りは死ぬまで面倒《めんどう》を見てもらえる（絶対的な貧困までには落ち込まないように支えられる）、ということにしなくてはなりません。

年金から「生年別共済」への切り替えを

二つ目はさらに「暴論性」の高い意見です。ですが、誰がどう努力しても究極的にはこうするしかないであろうという確信は持っています。

それは、「お年寄りの面倒を若者から徴収した金銭で見る」という戦後半世紀固守されてきた方式を、今世紀にはあらゆる分野で放棄するしかないという意見です。今後はお年寄りはさらに激増、若者は減少という一方的な流れが続きますから、この方式を墨守していては絶対にお金が回りません。たとえば年金は個人の納付分だけではなく、政府からの毎年の莫《ばく》大《だい》な税金投入によって支えられていますが、これは現役世代の払った税金で今の高齢者の面倒を見るということですので、継続は不可能です。

そもそも富裕な人間も普通に暮らせるだけの財産のある中流層も、年金受給者であれば一律に政府の金銭支援の対象になってきたということ自体がおかしい（継続できればいいのですが資金繰りから考えて不可能）と考えます。年金はある時点で、納入額に一定の利子をつけて各人に払い戻してはいかがでしょうか（その前に誰がどれだけ払い込んだのか特定しなくてはなりませんし、現行の法律のままではそれはムリなのでしょうが）。ただし非常に高齢になってからそのような環境の激変があっても困るでしょうから、戦後の繁栄の中で得をしてきた世代以下、具体的には四〇年生まれ以下とか四五年生まれ以下から、そのような措置をするのが適当かもしれません。

それでは政府は老後の安心の面倒をみないのか。そうではありません。まず申し上げたように、年金を払い込んで来た来ないにかかわらず、生活困窮者には最低限のレベルまでの生活保護を一律に与えるべきです。特に後期高齢者に関しては、いまさら働けと市場経済原理の中に放り込むのは無意味、彼らの過去の人生での怠慢を歳を取ってから罰するというのでは現役を怖がらせることになるだけです。財源も、これまで年金財政に投じてきた資金の一部を回すだけで賄えるのではないでしょうか。

ただそれだけですと本当に最低限ですので、加えて年金の代わりになるものとして「生年別共済」を制度化すべきだと考えます。「これを購入する人には、生涯何があっても生活と一定水準の医療福祉は政府が死ぬまで保障する。その代わり、幸運にも払い込んだ費用を使わずに健康に亡くなった場合には、残りは払い戻さずに、生まれ年が同じ他の高齢者のために全額使わせてもらう」というものです。さきほど年金を払い戻すと申し上げましたが、実際にはこの生年別共済に（任意で）振り替えてもらうべきでしょう。これにより、生まれ年ごとの人口の違いに関係なく「お年寄りの面倒はお年寄りから徴収した金銭でみる」ということが実現出来ます。幸運にして大病もせず怪我もせず、ピンピンコロリで亡くなった方の遺《のこ》したお金を、不幸にして大病を患ったり大怪我をしたりした同世代の方の面倒を見るのに回すということで、誰も傷つけることなく高齢化社会を乗り切ることができるのです。

そんなうまい話があるのか。誰かが損をしない限りそんなことは実現不可能では？

確かに戦争ですべてを失った人も多かった過去の世代相手にこのようなことを導入すれば、豊かな時代に育った後の世代に比べて不公平が生じます。しかし四〇年代生まれ以下の世代であれば、生まれ年ごとに分けてみて、その年生まれの全員が生きていくのに十分なだけの貯蓄を獲得できているのではないでしょうか。もちろん同じ生年の人の中にも大きな個人差があるのですが、同じ生年の人同士で助け合えば、その年代は全員がハッピーに最低限の生活水準・医療福祉水準は享受することができます。後の世代が前の世代を助けるという年金制度は、高齢者が貧しい少数者であった戦後半世紀には非常によく機能しましたが、高齢者が相対的に富裕な者も多数混ざった多数者になりつつある今世紀には機能しません。逆に高齢者に十分な貯蓄のなかった昔は機能しなかったこのような生年別共済制度が、よく機能する時代になったのです。

とはいえこの話で潜在的に損をする人もいないわけではありません。ただし損をするのは、高齢者本人ではありません。死後に墓場にお金を持っていくことは誰にもできないのですから、幸運にも大病もせず、共済に払い込んだ分を使いきらずに亡くなった人も、別に損をしたわけではないのです。損をするのは、「幸運にして大病もせず怪我もせず、ピンピンコロりで亡くなった方」の「相続人」です。親がこの共済を買っていれば、その相続人の手に入る相続財産はその共済の代金分だけ減ることになるからです。

ですが、損をするといっても計算上の話で、相続人が何かキャッシュを払わされるわけではありません。そもそも親がその財産を相続前にどう消費しようと親の自由ですし、子供は子供で自分でも共済を買えば、自分の老後は（同世代であってピンピンコロリで亡くなる方に支えられて）安心です。つまりこの共済方式であれば、誰のキャッシュアウトも伴わずに、世代ごとの、世代内での助け合いによって、高齢者の激増を乗り切ることができるようになるわけです。

ちなみに以上は私が本も読まずに自分で思いついたことですが、直面している現実が同じである以上、同じことを考える人は当然世の中にたくさんいらっしゃるはずです。側聞ですが、昔の国土庁が七〇年代に三全総（第三次全国総合開発計画）を構想した際、人口予測から容易に予想される現在のような高齢者の激増に対処する方策として、同じような方向性（年金制度の共済への改編）が検討されていたそうです。ところが当時の年金官僚の猛烈な反対で、この案は闇に葬られてしまったとか。彼らは年金への政府資金投入に付随して発生する膨大な権益を守りたかったのでしょうが、その時点でこのような施策が取られていれば、日本の今はずいぶんと違っていたのではないでしょうか。

戦後の住宅供給と同じ考え方で進める医療福祉分野の供給増加

三つ目はどうやって医療福祉サービスの供給を安定的に増やしていくのかということに関する提案です。

日本の医療福祉は政府の価格統制の下にあり、利用者の払う価格が低く抑えられる中で、受益者負担を大きく上回るコストがかかっています。早い話、医療福祉の供給者（医者、看護師、介護福祉士、その他医療福祉産業で働く方々）の人件費は、結局のところかなりの部分が（医療保険や介護保険を経由して）政府が負担しているわけです。そしてその医療福祉のお客さん＝高齢者が五年間に数十％というペースで激増しているのに、金の出所の政府が大赤字であるため、医療福祉従事者の人件費総額は十分に増やせていません。そのため供給能力増加＝従事者の人員増ができず、病院関係者も福祉関係者も、今や多くが低賃金長時間労働にあえいでいます。

これは典型的な「政府の失敗」です。今はトレンドとしていろいろなところで市場万能主義が批判されていますし、正しい批判もありますが、この場合は逆です。需要があるのに、しかも需要者の多くを占める高齢者の中には潤沢な貯蓄を持っている人間も多いのに、供給が十分になされず、それどころか供給者側が過労死しかねない状況に置かれている。結果として需要者も不安に震えるばかり。この情けない現状は、公共体の的を射ない介入が市場の正常な機能を妨げ、需給バランスを損なっている典型的な例なのです。

もちろん政府には言い分があります。「市場経済原理を導入すると弱肉強食になってしまい、金持ちは高度な医療福祉を享受できるが、お金のない人間は満足なサービスを受けられなくなる」というような話です。言葉は恰好《かっこう》いいのですが、現状では供給者側がワーキングプアーと化してしまっていて、特に介護の現場ではなり手がいないという状態が慢性化しているのですから、お金を本当に潤沢に払える特別な人間でない限り満足なサービスが受けられません。政府の存分な介入の末に、結局弱肉強食に近い状況が生まれてしまっているのです。しかも長時間低賃金労働で介護サービスや医療に従事している若者など、供給者側の就業者までもが「肉」の側に回っているのですよ。

これに対して市場経済の効用を主張する立場からは、「診療報酬や介護報酬を自由化し収入総額を上げることができるようにすることで、十分な人手を確保できるようにすべきだ」との声が出ています。つまりより大きな額を払う替わり、より快適な医療福祉サービスを求める人たちに、存分に奉仕し存分にお金をいただくことで、供給者側の収入を増やすべきだという考えです。私もこの原理は基本的に間違っていないと思うのですが、その分、潤沢にはお金を払えない人に対するサービスがおろそかになる懸念はないのでしょうか。

実際問題、市場経済原理の貫徹を唱える向きの中には一定の比率で、「努力を怠った結果貧乏になっている人が、一種の見せしめとしてそれなりに苦しむことは構わない」という意見を持っている人が混じっています。私は「努力できるのにしない人間をそれなりに締め上げること」は必要だとは思っていますが、「努力できる、できない」を「結果から一律に判別する」のはそもそも難しいと思っています。さらには、医療福祉や教育といった、個人の生存権や次世代の機会均等に関係する部分を締め上げに使うことには反対です。従って、「貧乏な人がある程度苦しむことは構わない」という発想の強い連中と同一視されることはとても困ります。そういうことを主張しているのではないのですよ。ですが、「潤沢にはお金を払えない人に対するサービスがおろそかになるという事態は防ぎつつも、より大きな額を払ってもいいからより快適な医療福祉サービスを求める人たちに存分に奉仕し存分にお金をいただいて、供給者側の収入を増やすこと」は、同時に実現可能だと思っています。

実際にこれまでの日本では、需要が著しく増加した局面で弱者保護と金持ち相手の売上増加を同時に達成できた分野が存在するのです。それが住宅供給です。

四〇年から九五年の間に、日本の生産年齢人口はちょうど倍増しました。これに応じて、膨大な数の住宅供給がなされなくてはならなかったのですが、戦後日本は一切スラムを形成することなく、求める者全員に、大なり小なり文化的・健康的な生活を営むことのできる住宅を供給することに成功したのです。これはいかなる方法によってなされたのでしょうか。

政府の介入（＝公共住宅の提供）と民間企業による供給のベストミックスによってです。

現在でも残っていますが、昭和三〇年代や四〇年代には、現在よりもずっと多くの人が住宅公団・都道府県・市町村営の住宅に住んでいました。公共部門によるこれら住宅の供給が、親世代の二倍も多かった戦時中生まれや戦後生まれの団塊世代の高波を吸収したのです。多くは木造の長屋か、コンクリート建てでもエレベータのない集合住宅で、間取りは狭くトイレは汲《く》み取りでしたが、衛生状態が悪くて疫病が蔓延《まんえん》するとか、住人の平均寿命が他よりも劣るとかということはありませんでした。

他方で、ここが重要なのですが、そうは言ってもそこを出て民間の供給する住宅（持ち家含む）に移った方が快適性は高いので、多くの人が何とかお金を貯めてそこを出て行こうとしていたわけです。実際戦後の日本では、一生の買い物として高いローンを組んで自宅を購入することが、当たり前の行動として広く行われてきました。もちろんそうはいかなくて最後まで公営住宅にいても、快適性が劣るだけで生存権までもが損なわれたわけではなかったのですが、皆さん損得を度外視しているのではないかと思うくらいに日本の中流階層の自宅購入志向は強く、公営住宅の潤沢な供給はそうした意識を阻害しなかった（＝民間による住宅供給市場の成長を阻害しなかった）のです。

余談ですが、現在の途上国援助で公的住宅を建てるときに繰り返されている失敗が、現地の民間住宅よりも快適な水準の公営住宅を供給してしまうということなのです。こうしますと、政府関係にコネを持っているような所得の高い層が公営住宅に入居してしまい、庶民は手が出ません。その結果スラムは消えないし、良好な民間住宅市場の発展も阻害されてしまうわけです。実は日本の医療福祉分野はこれと似た失敗をしているように思えます。

私は現在需要激増期にある医療福祉についても、住宅需要激増期の公営住宅供給・民間住宅供給の役割分担と同様の仕組みが機能するようにすべきだと考えています。すなわち、公的な医療福祉サービスの中身は、公営住宅同様に、個人の生存権を十分に満足させる水準でなくてはなりません。ただそれはどうしても、十分に「快適な」水準であるとまでは言えないものにとどまります。そこから先、さらに快適なサービスを求める人は、民営賃貸住宅に引っ越した人や自宅を買った人と同じで、自分のお金でどんどんより快適な水準を追求していけるようにすべきなのです。

ただし、公的保険だけで生きていく人と、自分でお金を出してさらに快適なサービスを求める人と、味わう快適さは違いますが、平均寿命は同じであるということを目指さねばなりません。そして供給者側（＝医師、看護師、介護福祉士、その他医療福祉関係者）も、公的保険で来る人と自分のお金で来る人、どちらを相手にしていても一定限度以上の十分に満足のいく収入は得られるような仕組みが必要だ（し、そういう仕組みの構築は可能だ）と考えるわけです。公営住宅を建設しても民間住宅を建設しても、建設業者にはそれなりの売上が入ったというのと同じことです。

このように、公的介入によってそれなりに高めの最低線（＝ナショナルミニマム）を保障しつつ、その先の快適性追求を市場経済原理に則って自由に認めるという結論は、過去に住宅市場で実現していたにもかかわらず、市場か政府介入かという今の不毛な二元論の中では忘れ去られがちになっています。専門分野の壁に阻まれているのでしょうか、簡単な温故知新ができていないわけです。

ですがこれを実現すれば、供給者側の人件費は確実に増やせます。それ自体が、ここで大テーマに掲げている「高齢富裕層から若者への所得移転」の一つのプロセスでもあるのです。さらには、先ほど述べました「生年別共済」の加入料を医療福祉の現場への料金支払いに回すことで、現場の苦しみをさらに緩和することが可能です。

以上の提言は「言うは易し」でして、具体的に考えれば考えるほど障害は山積でしょう。戦術論の専門家から、「現実の制度設計や、制度の安定性の要請を踏まえていない」という批判が、それこそ山のように出てくるでしょう。しかし高齢者の激増という事態の方がよほど絶対的な現実でありまして、既存の制度設計などはそういう現実の前には吹っ飛んでしまうものです。ということで、以上の議論に対しては、まずはビジョンとしての優劣という観点から、戦術論の袋小路にトラップされないご批判、ご意見をいただければ幸いです。

おわりに——「多様な個性のコンパクトシティたちと美しい田園が織りなす日本」へ

雇用情勢の一層の悪化が報じられています。特に若者の就職はさらに困難を増しています。正に団塊世代が六〇歳を超え一次退職しつつある中で、本来若者に関しては人手不足が生じていなければならないタイミングなのですが、現実の経済は悪循環の方向に向かっています。すなわち、団塊世代の一次退職→彼らの年収の減少→彼らの消費の減退→内需対応産業の一層の供給過剰感→内需対応産業の商品・サービスの値崩れ→内需対応産業の採算悪化→内需対応産業の採用抑制・人件費抑制→内需の一層の減退という国内経済縮小の流れが、渦を巻いているのです。

本当は、これまでお話ししてきたように、団塊世代の一次退職に伴って浮いた人件費を若者に回す努力をすることで、内需の減退を防ぎ、際限ない経費削減地獄を脱することが可能です。あるいは高齢富裕層が座して株価下落を見ているのではなく、持っている金融資産の一%でも消費に回してくれれば、国内経済はドラスティックに浮揚します。ですが、「一〇〇年に一度の不況」なる標語の下、「今は不景気だから仕方ないじゃあないか」という言い訳が企業社会にまかり通っているために、若者の雇用を守ろうという空気はカケラも出てきていません。「景気対策は政府の仕事」という、政府の財政状態を考えれば極めて非現実的な考えが蔓延《まんえん》しているために、自分で消費することで金融資産を防衛しようとしている富裕層にもついぞ会ったことがない。その結果各企業の国内販売がストレートに落ち、株価も下がる、つまり皆でお互いのクビを絞め合っている状況が続いています。

この事態を招いた最大の原因が、「日本人の加齢に伴う生産年齢人口減少」という事態の本質を無視し、起きていることを無理やりに「景気循環」だけで説明してしまうことです。「すべては景気が回復してから」と、ミクロ面での失敗までを景気のせいにしてしまい、しかも今やらねばならないことまで先送りにすることも正当化されてしまっているわけです。しかし過去一〇年以上そうであったように、彼らが日本人の加齢を考慮に入れて適切な対策を取らない限り、好景気が来ようと不景気に戻ろうと今後ともずっと、企業の過剰在庫は腐り続け、内需は縮小を続けて行きます。

ですが本当は、生産年齢人口減少は、（若者の所得をそれに応じて増やしていければですが）「日本の雇用や内需を維持しつつ同時に生産性も高めていける」という、日本の歴史が始まって以来の大きなチャンスなのです。企業は「景気対策」を政府に任せるのをやめ、自らが若者を雇用することで内需を拡大させる。他方で政府は（金持ちも生活困窮者も一律に支援する今のような年金への財政投入をやめ）困窮した高齢者へのセーフティーネットを万全にすることで、高齢者の退職を促進する。そのような新たな分担ができれば、数十年後の日本は、現在の経済規模を維持したまま、数割は高い生産性を達成していることでしょう。若い世代の所得上昇や女性就労の促進に伴って、それから団塊世代の死去に伴う社会福祉負担の絶対額の減少もあって、出生率も大きく上昇し、毎年の出生数は現在よりは少ないレベルながら安定してくるものと思われます。

その頃の日本、生産年齢人口が三―四割減った後の国土の姿はどうなっているのでしょうか。戦後半世紀を支配した、都市開発地域拡大・容積率上昇・土地神話といったものは、すべて崩壊しています。人口減少に合わせて都市開発地域を縮小し、旧来の市街地や農山村集落を再生し、中途半端な郊外開発地は田園や林野に戻すこと（コンパクトシティ化）が各地で進むでしょう。その中で、戦後日本が失ってきた最大の資源である美しい田園景観と、それぞれがちゃんと個性を持った都市景観の復活が図られます。容積率を下げて、安普請の高層建築物をスカイラインの整った中低層建築物、それも耐震性の高い高品質の建物に建て直す「減築」も当たり前になるでしょう。

また、生産年齢人口＝土地利用者の減少に伴う地価の著しい下落と、土地を保有するだけで利益を得てきた世代の死去に伴い、不動産取引はずっと流動化します。定期借地の普及による「土地の所有と利用の分離」の常態化、土地ではなく建物の生む収益による不動産評価手法の定着、ごね得地権者の消滅による非耐震建築物建て替えの迅速化、などが期待されます。土地保有が貯蓄手段ではなくなっていく中で、工芸品や美術品、銘酒、名車、名盤、優れたデザインの建築物など、ヴィンテージの付く商品の購入が代わりの貯蓄手段となっていき、社会の中で文化やデザインの占める地位が年々高くなっていくことになるでしょう。

大量生産品市場がゆっくり縮小する一方で、地域地域の個性を活《い》かした手作りの地産地消品を供給する零細事業者（新規参入する社会起業家も多く含まれるでしょう）が増え続けます。海外から安価な大量生産普及品を購入する流れも拡大しますが、他方で少し遅れて人口成熟して来るアジア諸国などに向け、そうした高価な地産地消品を輸出する流れも年々太くなっていくでしょう。

そうそう、私が随所で自戒を込めて批判してきた「お受験エリート」の問題ですが、正解のある問題・論証可能な問題に答えることだけが得意な優等生が、社会に出てから現実不適応症候群を起こしていく、という状況が今後とも二〇年程度は続くのでしょう。ですがそういう試験だけが得意な似非《えせ》エリートは、結局社会の一線から退場して行かざるを得ない。あるいはそういう層に支配された一部大企業なり官庁なりは消えて行かざるを得ない。親の恐怖心を煽《あお》りお受験競争に駆り立てることで儲《もう》けようとしてきたお受験産業の面々も、どんなに恰好《かっこう》いいことを言っていても少子化の中で次々と消滅していくしかないことでしょう。繰り返しますが、真のエリートやリーダーというものは、赤絨毯《じゅうたん》をしいた廊下を手を引いて歩かせながら育てるものではない。草莽《そうもう》の中から、旧来の基準で言えば学歴もない、職歴もない、だが人を引っ張る力と魅力と清潔さのあるリーダーが必ず出てくると思いますよ。

いや、本当はリーダーはさほどの問題ではありません。日本というのは常に、現場で汗をかいている普通の人たちが支え、何度でも蘇《よみがえ》らせてきた社会です。その現場力、雑草力を私は信頼します。

私が深い確信をもって想像するのは、「多様な個性のコンパクトシティたちと美しい田園が織りなす日本」の登場です。人口減少の中で一人一人の価値が相対的に高まる中、その中で暮らす人々も、それぞれやりがいのあることを見つけて生き生きとしています。そうした未来の実現に向けて自分の地域を良くして行こうと活動する老若男女はどんどん増えていくと、私は新たな風の始まりの部分を日々全国で実感しているのです。

本当に長い間、ご清聴いただきありがとうございました。

あとがき

「経済を動かしているのは、景気の波ではなくて人口の波、つまり生産年齢人口＝現役世代の数の増減だ」。この本の要旨を一言でいえばそういうことになりましょう。誰の「意見」でもない客観的な「事実」、「生産年齢人口の減少と高齢者の激増」という日本の現実に対する認識を、一人でも多くの人と共有したいというのが、この本を書いた動機です。

事実認識さえ共有できれば、どんなに気が合わずとも意見が違おうとも、共に取っていくべき対処策はおのずと見えてくるものです。

もちろん、「事実」と「意見」の区別は難しいものです。たとえば天動説が常識だった時代の人々を笑えるでしょうか。天動説を信じていた中世欧州人も、地動説が当たり前だと知っている現代日本人も、ほとんどの人は自分で事実を確認したわけではありません。周りの人や権威が「これが事実だ」と言っていることを、鵜呑《うの》みにしていた（いる）だけなのです。つまり今も昔も、ほとんどの人にとっては、「皆がそう言っていること」が「事実」、「一部の人だけが言っていること」が「意見」ということになってしまっているわけです。

そんなことではわれわれは、何度でも誤《あやま》ちを繰り返すことになりかねません。そこで本書ではデータソースも明記し、書かれていることが本当に「事実」なのか誰でも検証できるようにしました。私の「意見」を鵜呑みにするためではなく、「事実は事実」といえるものを知るために、疑問を抱かれたらぜひ原典をご確認ください。経済学をかじった方には、間違って頭の中に定着させてしまった迷信を取り除く機会にもなるでしょう。

最後の方の章には、幾つか提言も書いております。ここだけは、私の「意見」ですが、前段の事実認識の部分を飛ばして最後だけを読み、「くだらない提言だ」と切り捨てることは、どうかおやめください。事実に向き合う前にイデオロギーを信じ込んでしまい、自分の事実認識を歪《ゆが》めるというのは（誰かのやり方かもしれませんが）私のやり方ではありません。後でも先でもいいですが、必ず前段の事実認識を確認し、咀嚼《そしゃく》していただいてから、さてこの提言はいかがなものか、とお考えください。

私の本業は、市街地活性化や観光振興、企業経営など、地域振興に関する具体的な分野で、具体的な地域や企業の方を相手に講演やアドバイスをして歩くことです。本書が講演調になっているのは、これまで累計三千回以上、多い年には年間四〇〇回以上こなしてきた登壇の機会に話してきた総論を、幾つかの講演録をベースにして再生したものだからです。

とはいえ、この本で述べた総論は各地で具体的に地域づくりの行動を起こす際に前提として踏まえておいた方がいいものだと思います。ここを入り口に、今後は各論についての著述も行って参ります。

また、参考文献への言及が（文中一箇所を除いて）ないことをご不審の向きもあろうかと思います。参考文献は国勢調査以下、文中で使った統計データのみであり、それ以外は特に存在しません。ただし、日本経済新聞出版社より出ております拙著『実測！ニッポンの地域力』もあわせてご覧いただければ幸いです。

出版にあたり、怠ける私を数年越しの夜討ち朝駆けで執筆に踏み切らせ、熱意と誠意でとうとうここまで漕《こ》ぎ着けてくださった角川書店の編集者・岸山征寛さん、無数の講演の現場に足を運び膨大な工数を投じて講演録を起こし修正を施してくださった有限会社ＨＡ２とスタッフの皆さんに、深い感謝を捧《ささ》げます。私のような八方破れの職員の存在を許容しこれまで守り育ててくれた、度量に満ちた勤務先・株式会社日本政策投資銀行にも、改めて謝意を捧げます。

最後になりましたが、私に知恵と元気を与えてくれる妻と、信じた道に沿って行動することを決してやめない全国各地の草の根の地域づくり関係者の皆様に、この本を献《ささ》げます。

本書は書き下ろしです。著者が累計三千回以上行ってきた講演経験を基に構成しました。

藻谷浩介（もたに・こうすけ）
1964年、山口県生まれ。株式会社日本政策投資銀行地域企画部地域振興グループ参事役。88年東京大学法学部卒、同年日本開発銀行（現、日本政策投資銀行）入行。米国コロンビア大学ビジネススクール留学、日本経済研究所出向などを経ながら、2000年頃より地域振興の各分野で精力的に研究・著作・講演を行う。平成合併前の約3200市町村の99.9%、海外59ヶ国を概ね私費で訪問した経験を持つ。その現場での実見に、人口などの各種統計数字、郷土史を照合して、地域特性を多面的かつ詳細に把握している。09年度にはシンガポール出向の機会を得、地域・日本・世界の将来を複眼的に考察した。10年度より現職。政府関係の公職多数。著書に『実測！ニッポンの地域力』（日本経済新聞出版社）。

図版作成：REPLAY

デフレの正体《しょうたい》
――経済《けいざい》は「人口《じんこう》の波《なみ》」で動《うご》く

藻《も》谷《たに》浩《こう》介《すけ》

二〇一〇年六月十日　初版発行
二〇一〇年九月十日　五版発行

発行者　井上伸一郎
発行所　株式会社角川書店
東京都千代田区富士見二―十三―三
〒一〇二―八〇七八
電話／編集　〇三―三二三八―八五五五

発売元　株式会社角川グループパブリッシング
東京都千代田区富士見二―十三―三
〒一〇二―八一七七
電話／営業　〇三―三二三八―八五二一
http://www.kadokawa.co.jp/

装丁者　緒方修一（ラーフィン・ワークショップ）
印刷所　暁印刷
製本所　BBC

角川oneテーマ21　C-188

ISBN978-4-04-710233-0 C0233